La constitution congolaise du 25 octobre 2015

interprétée article par article

Lovane LHAKHY-TSAMBY

La constitution congolaise du 25 octobre 2015

interprétée article par article

L'Harmattan
Congo-Brazzaville

5-7, rue de l'Ecole-Polytechnique, 75005 Paris

http://www.editions-harmattan.fr

ISBN : 978-2-343-13141-2
EAN : 9782343131412

Cet ouvrage est dédié au peuple congolais.

Remerciements

Je remercie tous ceux qui m'ont aidé, de près ou de loin, pour la réalisation de ce livre.

INTRODUCTION

La Constitution du 25 octobre 2015 marque de plain-pied l'entrée du Congo dans une nouvelle ère.[1]

L'interprétation des dispositions de la Constitution du 25 octobre 2015 consiste à dégager le sens exact de celles qui seraient peu claires.

La mauvaise interprétation de la loi fondamentale est souvent source de beaucoup de crises dans notre pays. Historiquement, l'article 75 de la Constitution du 15 mars 1992 n'est pas anodin, c'est-à-dire qu'il est significatif en ce sens que sa mauvaise interprétation avait engagé la classe politique de la majorité présidentielle et de l'opposition dans une crise relative à la nomination d'un Premier ministre.

En cinquante-sept (57) ans, notamment lors de l'indépendance[2], la République du Congo s'identifie encore par la valse des Constitutions. Ce qui est une conséquence directe de l'instabilité qui constitue l'une des données constantes de la vie politique congolaise. La succession des régimes politiques s'opère au gré des complexes, des mouvements insurrectionnels et bien d'autres coups de force[3]. Ces événements suspendent ou abrogent l'ordre constitutionnel établi[4] et créent les conditions de l'adoption de Constitutions provisoires et précèdent l'adoption de Constitutions définitives. Depuis la fondation de la République du Congo[5], dix-sept Constitutions sont adoptées

---

[1]-La Constitution de la République du Congo est adoptée par référendum le 25 octobre 2015, et promulguée le 6 novembre 2015 par le président de la République, après proclamation des résultats définitifs par la Cour constitutionnelle en date du 5 novembre 2015.

[2]-La République du Congo est indépendante le 15 août 1960.

[3]-D. Emmanuel Adouki, *La Constitution congolaise du 20 janvier 2002*, R.C.D.N., n° 19, 2006, p. 3.

[4]-P.F. Gonidec, *Les systèmes politiques africains. Deuxième partie, Les réalités du pouvoir, politiques intérieures. Relations internationales*, Paris, LGDI, 1974, p. 91-125.

[5]-La République du Congo est fondée le 28 novembre 1958 par la délibération n° 112-58 adoptée par l'Assemblée territoriale du Moyen-Congo.

successivement dont huit définitives ou non-octroyées et neuf octroyées.

La République du Congo, devenue comme un véritable laboratoire constitutionnel, institutionnalise le régime présidentiel[6], le régime parlementaire[7], le parti-Etat[8], et le régime mixte à dominante présidentielle.[9]

Loin de se substituer à la Cour constitutionnelle dont l'interprétation des dispositions de la Constitution relève de sa compétence, notamment lorsqu'elle est saisie par les autorités[10], cet ouvrage se propose d'atteindre les objectifs suivants :

- Permettre aux citoyens congolais de lire et de comprendre la Constitution sans faire recours à un organe ou à un particulier que ce soit ;
- Satisfaire les besoins didactiques des étudiants en quête d'un instrument juridique adéquat leur permettant de traiter avec exactitude un exercice portant sur une disposition de la Constitution ;
- Eviter d'éventuelles interprétations fantaisistes ou anarchiques de certains hommes politiques qui consistent à donner parfois un sens inexact à une disposition de la Constitution.

Par avis n° 002-ACC-SVC/15 du 17 septembre 2015 sur le fondement juridique de l'initiative du référendum en vue de l'évolution des institutions de la République, la Cour constitutionnelle déclare : « … considérant, qu'en conséquence, que, sur le fondement de l'article 110, alinéa 3 de la Constitution du 20 janvier 2002, le président de la République est en droit de consulter le peuple, par voie de référendum, sur l'évolution des institutions de la République ».

---

[6]-Constitution du 2 mars 1961.

[7]-Constitution du 8 décembre 1963.

[8]-Constitution du 30 décembre 1969 ; Constitution du 24 juin 1973 et Constitution du 8 juillet 1979.

[9]-Constitution du 25 octobre 2015.

[10]-Article 35, alinéa 1er, de la loi organique n° 1-2003 du 17 janvier 2003 portant organisation et fonctionnement de la Cour constitutionnelle.

Dans cette même logique, par avis n° 024/C.S.15 du 02 octobre 2015, la Cour suprême, et ce conformément à l'article 118, alinéa 2, de la Constitution du 20 janvier 2002, tout en se déclarant compétente pour examiner l'avant-projet à elle déféré, a autorisé le gouvernement à procéder à l'examen et à l'adoption de ce qui est donc devenu la Constitution.

La Constitution de la République du Congo comporte un préambule et 246 articles répartis dans 21 titres. Le nouveau préambule proclame l'attachement du peuple du Congo à la paix, vertu cardinale à préserver, à la forme unitaire et au caractère indivisible mais décentralisé de l'Etat, à l'unité nationale et à la cohésion sociale. Il énonce les principes d'égalité, de fraternité, de partage et de solidarité comme les valeurs constituant le socle de la République et de l'Etat. Le dialogue y est perçu comme le moyen de règlement pacifique des désaccords ou conflits d'ordre politique.[11]

Le préambule nouveau proclame également que la souveraineté nationale est inaliénable, et que les richesses nationales doivent servir au développement de la nation congolaise.[12]

Par ailleurs, les droits et libertés fondamentaux qui constituent les grands principes juridiques que le Congo a entendu de tout temps respecter, ainsi que les instruments juridiques internationaux sur les droits humains dûment ratifiés par la République font partie intégrante du préambule de la Constitution.

Le titre 1er, sur l'Etat et la souveraineté, innove sur un point essentiel : l'Etat congolais devient un Etat unitaire, indivisible et décentralisé.[13]

En constitutionnalisant la décentralisation comme l'objectif majeur des prochaines années et comme moyen de gouverner au plus proche des citoyens, la loi fondamentale permet de transférer aux collectivités locales de nombreuses compétences jusqu'ici gérées par l'Etat central, d'assurer un transfert substantiel de ressources financières pour assurer le

---

[11]-Compte-rendu du conseil des ministres du 5 octobre 2015.

[12]-Idem.

[13]-Idem.

développement des politiques domestiques dans les domaines de la vie locale qui intéressent les Congolaises et les Congolais, pas seulement ceux des grandes villes, mais aussi et surtout de l'arrière-pays.

Au titre II, intitulé « Des droits, libertés et devoirs des citoyens », il convient de relever une innovation essentielle, à savoir l'abolition de la peine de mort en République du Congo. Le Congo se conforme ainsi totalement à la proclamation constitutionnelle du caractère sacré de la personne humaine, qui existait dans la Constitution de 2002, et qui proscrivait déjà tout acte de torture, les traitements cruels, inhumains et dégradants.[14]

Autre innovation majeure, outre le rappel de la garantie des grandes libertés publiques et individuelles, la prise en compte de la situation des femmes, des jeunes et des personnes vivant avec handicap, avec l'obligation constitutionnelle pour l'Etat de contribuer à l'épanouissement de ces catégories de personne.

La Constitution prévoit la parité homme/femme qui doit être au cœur des politiques des institutions de la nouvelle République.

Le titre III, « Des partis politiques et du statut de l'opposition », contient pour sa part deux innovations majeures : la première consiste en la libre adhésion aux partis qui est érigée en norme constitutionnelle, ce qui n'était pas le cas dans la Constitution du 20 janvier 2002.

La seconde innovation est la reconnaissance constitutionnelle du statut de l'opposition politique, statut qui sera déterminé par une loi qui sera votée au parlement.

Les titres IV, V et VI traitent du pouvoir exécutif, du pouvoir législatif et des rapports entre eux.

Ces titres expriment pleinement le véritable « choc de gouvernance » qui est la caractéristique de la nouvelle République, tel est le désir du peuple.

Les articles 66 à 92 de la Constitution déterminent les conditions d'élection, la fonction et les prérogatives du président de la République. Première innovation : le mandat du

---

[14]-Idem.

président de la République est réduit de 7 à 5 ans et il est renouvelable deux fois.

La Constitution du 25 octobre 2015 autorise les Congolais âgés de 30 ans au moins à se présenter à l'élection présidentielle, comparativement à 40 ans sous la Constitution du 20 janvier 2002.

Un jeune de 18 ans peut également, si tel est le désir des électeurs concernés, être élu député.

En revenant à l'organisation du pouvoir exécutif, il convient de noter que, pour renforcer la représentativité et sa cohérence, le président de la République nomme le Premier ministre et les membres du gouvernement, il devra se concerter avec le Premier ministre pour le choix des ministres, ce qui donnera à celui-ci des prérogatives constitutionnelles importantes et une véritable autorité sur les membres de l'exécutif.

La mise en accusation éventuelle du chef de l'Etat, pour des manquements graves aux devoirs de sa fonction, de l'exception qu'elle était dans la Constitution de 2002, devient normale, faisant du président de la République, comme tous les sujets de l'Etat, un justiciable comme les autres, nonobstant le privilège de juridiction lié au caractère éminent de sa fonction.

La Constitution du 25 octobre 2015 réaffirme donc plus profondément que celle du 20 janvier 2002 un principe fondamental qui est celui de l'absence totale d'impunité des agents publics, et donc du premier d'entre eux, à savoir le chef de l'Etat.

Le Premier ministre est le chef du gouvernement, à la place du chef de l'Etat. La République renonce ainsi avec une des traditions constitutionnelles de notre pays et prend en compte l'exigence du partage réclamé lors du dialogue de Sibiti tant par les partis politiques que par la société civile congolaise.[15]

Le Premier ministre est doté de prérogatives puissantes, à même de lui permettre d'imprimer sa marque sur la politique quotidienne du pays, puisque, selon l'article 100, après concertation avec le président de la République, il détermine la politique économique et sociale de la nation et il est seul chargé de la conduire avec le gouvernement.

---

[15]-Idem.

La Constitution actuelle apporte également une réponse à une demande générale de la classe politique et de la société civile du Congo : le Premier ministre et son gouvernement sont responsables aussi bien devant le président de la République que devant l'Assemblée nationale.

Pour rendre toute leur souplesse à nos institutions, prévenir et gérer les conflits qui ne manquent, hélas ! jamais dans la vie politique et institutionnelle, la Constitution prévoit une innovation de taille : l'institution de moyens réciproques entre l'exécutif et le législatif. Ainsi, le président de la République peut dissoudre l'Assemblée nationale, tandis que celle-ci peut renverser le gouvernement par le vote d'une motion de censure.

Ces mesures permettent de renforcer le pouvoir de contrôle du parlement sur l'action du gouvernement.

Les titres VII à XVII de la Constitution reprennent pour l'essentiel les dispositions de la Constitution de 2002 qui consacraient le pouvoir judiciaire, un certain nombre d'institutions constitutionnelles (médiateur[16] de la République, commission des droits de l'homme, conseil supérieur de la communication[17], etc.), certains instruments de gestion de l'Etat (Force publique, notamment, et enfin les conditions de ratification des traités et accords internationaux).

Il convient de relever, au titre XIV sur les collectivités locales, que c'est là qu'un choc de gouvernance est particulièrement marqué. Faire du Congo un Etat décentralisé est un objectif majeur de la nouvelle République. Cette exigence a été élevée, comme on l'a vu, au rang de norme constitutionnelle, et plus seulement législative[18] comme dans l'ancienne Constitution. La présente Constitution transfère aux collectivités locales les compétences suivantes : l'enseignement préscolaire, primaire et secondaire, l'urbanisme et l'habitat ; la santé de base, l'action sociale et la protection civile ; la

---

[16]-Loi n° 9-98 du 31 octobre 1998 portant institution, attributions et fonctionnement du médiateur de la République.

[17]-Loi n° 8-2001 du 12 novembre 2001 sur la liberté de l'information et de communication.

[18]-Loi n° 7-2003 du 6 février 2003 portant organisation et fonctionnement des collectivités locales.

prévention et la réduction des risques, ainsi que la gestion des catastrophes, l'agriculture, l'élevage et la pêche ; les transports urbains ; le sport et l'action culturelle.

Le titre XVIII, intitulé « Du statut des anciens dirigeants », vient réparer une situation qui déshonorait notre pays. En effet, la nation devant se souvenir de ses dirigeants l'ayant servie à des niveaux très élevés, l'article 224 de la Constitution prévoit que les anciens Présidents de la République percevront une allocation spéciale à titre de pension ; le montant de cette allocation viagère est fixé par voie réglementaire.

L'article 225 prévoit de même la détermination par voie législative des conditions de la reconnaissance de la nation en faveur des autres dirigeants ayant servi la nation et devant en obtenir la reconnaissance.

Le titre XIX, intitulé « Des conseils consultatifs nationaux››, renforce le caractère inclusif de nos institutions nationales, et leur ouverture aux couches montantes, aux couches féminines, ainsi qu'à tout ce qui fait la diversité de notre pays. Sont ainsi créés, comme organes constitutionnels : un conseil consultatif de la femme ; un conseil consultatif des personnes vivant avec handicap ; un conseil consultatif de la jeunesse ; un conseil consultatif des sages et des notabilités traditionnelles ; un conseil consultatif de la société civile et des ONG ; un conseil consultatif du dialogue national.

Enfin, les titres XX et XXI prévoient les conditions de la révision et les dispositions transitoires et finales.

Certaines dispositions de l'actuelle Constitution présentent quelques limites. En effet, dans notre pays, à dix-huit (18) ans, l'enfant est majeur, mais non mature pour aborder efficacement les mécanismes de gestion du pays. De plus, le dénuement matériel et financier peut aussi être un blocus.

La problématique soulevée par ce thème est celle de savoir si les dispositions de la Constitution du 25 octobre 2015 peuvent être lues et comprises par les Congolais. Autrement dit, la loi fondamentale actuelle est-elle claire ou facile de compréhension ?

La réponse à cette préoccupation fondamentale est donnée avec sobriété et concision, en des termes qui jaillissent la lumière par son interprétation.

L'interprétation stricto sensu de la loi fondamentale est faite de manière objective, indépendante et impartiale. Elle est faite en tenant compte non seulement de l'article tout entier, mais aussi et surtout des alinéas contenus dans celui-ci pour une bonne compréhension.

Les articles sont écrits en gras afin de permettre une bonne visibilité et la distinction avec l'interprétation elle-même. L'article et l'interprétation sont séparés par une interrogation.

La présente Constitution dispose plus d'articles que les Constitutions congolaises antérieures ; et elle est la plus dense de toutes. Elle est ainsi l'une des Constitutions les plus denses au monde.

En effet, la Constitution de 1961 comprenait 79 articles groupés en 13 titres ; la Constitution de 1973, quatre-vingt-neuf (89) articles groupés en quatorze (14) titres ; la Constitution de 1969, soixante-cinq (65) articles groupés dans huit (8) titres ; la Constitution de 1973, quatre-vingt-treize (93) articles groupés dans douze (12) titres ; la Constitution de 1979, cent onze (111) articles groupés en huit (8) titres ; la Constitution de 1992, née dans la foulée de la Conférence nationale souveraine (Février-Juin 1991), comprenait, elle, cent quatre-vingt-et-un (181) articles groupés dans douze (12) titres. Cette Constitution marque une rupture par rapport aux Constitutions de la période marxiste. Quant à la Constitution de 2002, elle comprenait (191) articles groupés en dix-neuf (19) titres.

Dans les lignes qui suivent, nous allons décortiquer de fond en comble les dispositions de la présente Constitution qui régit notre pays, la République du Congo.

TITRE I : DE L'ETAT ET DE LA SOUVERAINETE

Article 1er : La République du Congo est un Etat de droit, souverain, unitaire et indivisible, décentralisé, laïc et démocratique.

Sa capitale est Brazzaville.

Que signifie ce texte ?

Ce texte nous rappelle l'appellation officielle du pays, la forme ou la tradition Républicaine et les traits essentiels de l'Etat, notamment l'Etat de droit, la souveraineté, l'unité et l'indivisibilité, la décentralisation, la laïcité et la démocratie.

L'Etat de droit est un Etat qui agit conformément à la loi en vigueur.

L'Etat souverain est celui qui tient son pouvoir de lui-même et n'est soumis à aucune autorité qui lui soit extérieure. La souveraineté distingue l'Etat des autres collectivités territoriales comme le département, la commune et la région. Il existe la souveraineté interne et la souveraineté externe.

L'Etat unitaire et indivisible est un Etat qui ne peut être divisé, où des collectivités territoriales ne peuvent posséder des compétences réservées à l'Etat. L'unité du pouvoir législatif sur le territoire national et les compétences que la Constitution accorde au gouvernement et au parlement doivent être préservées.

L'Etat décentralisé est un Etat qui transfère certaines de ses compétences aux collectivités locales (commune, département et région) qui s'administrent librement par des autorités élues, et non nommées.

La décentralisation ne remet pas en cause l'unité et l'indivisibilité de la République.

L'Etat laïc est un Etat qui adopte une attitude neutre, c'est-à-dire indépendante et impartiale à l'égard des religions. L'Etat démocratique est un Etat basé sur le suffrage universel, c'est-à-dire la participation directe des citoyens à l'élection de leurs gouvernants.

Brazzaville est depuis toujours la capitale de la République du Congo ; c'est un rappel constitutionnel et historique important.

Article 2 : Le principe de la République est : Gouvernement du peuple, par le peuple et pour le peuple.

Comment comprendre cet article ?

A la lumière de cet article, il résulte que celui-ci nous donne la définition de la démocratie selon Abraham Lincoln et utilisée dans les Constitutions antérieures. Il ne peut être formé un gouvernent sans qu'il soit élu par les citoyens, pour la gestion de la chose publique, la République. Un Etat devrait donc refuser un gouvernement formé inconstitutionnellement.[19]

Article 3 : L'emblème national est le drapeau tricolore, Vert, Jaune, Rouge.

De forme rectangulaire, il est composé de deux triangles rectangles de couleur verte et rouge, séparés par une bande jaune en diagonale, le Vert étant du côté de la hampe.

La loi précise les dimensions, les tons des couleurs et les autres détails du drapeau national.

Qu'est-ce que cela signifie ?

Cet article traite de la question relative au drapeau national. Ce texte donne à comprendre que le drapeau de la République du Congo comporte trois (03) couleurs, à savoir le vert, le jaune et le rouge. Il est de forme rectangulaire, ayant deux triangles rectangles dont l'un de couleur verte et l'autre de couleur rouge, séparés par une bande de couleur jaune.

Cette description découle de la loi constitutionnelle n° 8 du 18 août 1959 fixant le drapeau de la République du Congo.

---

[19]-Doctrine formulée en 1907 par Tobar, alors ministre des Affaires étrangères de l'Equateur.

Article 4 : L'hymne national est « la congolaise ».

La devise de la République est « Unité, Travail, Progrès ».

Le sceau de l'Etat et les armoiries de la République sont déterminés par la loi.

La langue officielle est le français.

Les langues nationales véhiculaires sont le lingala et le kituba.

Que retenir de ce texte ?

Les alinéas 1er et 2 de ce texte nous donnent les noms de l'hymne national[20] et de la devise[21] de la République du Congo.

L'alinéa 3 de la même disposition ajoute que la loi[22] donne avec précision le sceau de l'Etat (cachet officiel) et les armoiries (signes) de la République.

Les alinéas 4 et 5 nous indiquent les trois (03) langues utilisées au Congo, notamment le français (langue officielle), le lingala et le kituba (langues nationales).

Article 5 : La souveraineté nationale appartient au peuple qui l'exerce au moyen du suffrage universel, par ses représentants élus ou par voie de référendum. Aucune fraction du peuple, aucun corps de l'Etat ni aucun individu ne peut s'en attribuer l'exercice.

Comment interpréter cette disposition ?

Cet article épingle la notion de la souveraineté nationale qu'il attribue au peuple et détermine la façon dont ce dernier l'exerce : suffrage universel, représentation nationale et référendum.

---

[20]-Loi constitutionnelle n° 10 du 21 novembre 1959 relative à l'hymne nationale de la république du Congo.

[21]-Loi constitutionnelle n° 9 du 3 novembre 1959 relative à la devise de la république du Congo.

[22]-Loi n° 5-61 du 11 janvier 1961 relative aux sceaux de la république du Congo ; décret n° 63-262 du 12 août 1963 fixant les armoiries de la république du Congo.

Article 6 : Le suffrage est universel, direct ou indirect, libre, égal et secret.

Sont électeurs dans les conditions fixées par la loi, tous les Congolais âgés de dix-huit (18) ans révolus et jouissant de leurs droits civils et politiques.

Que signifie cet article?

L'alinéa 1er énumère les caractéristiques du suffrage universel et confirme qu'il est direct ou indirect, libre, égal et secret.

L'alinéa 2 détermine les conditions dans lesquelles les Congolais peuvent être électeurs ou voter à une élection (présidentielle, législative, etc.). En d'autres termes, ne peuvent être électeurs que les Congolais âgés d'au moins dix-huit (18) ans, sans quoi ils ne peuvent voter.

Article 7 : La République du Congo consacre le pluralisme politique.

Qu'est-ce que cela signifie ?

Notre pays, le Congo, consacre le pluralisme politique, c'est-à-dire l'existence ou le règne de plusieurs partis politiques sur l'échiquier national. Cette pluralité de partis politiques est le symbole de la démocratie, c'est-à-dire de la diversité des opinions. Autrement dit, la République du Congo interdit implicitement le monopartisme, un régime à parti unique qui a régné entre 1970 et 1991.

TITRE II :
DES DROITS, LIBERTES ET DEVOIRS DES CITOYENS

SOUS-TITRE I :
DES DROITS ET LIBERTES

Article 8 : La personne humaine est sacrée et a droit à la vie.

L'Etat a l'obligation de la respecter et de la protéger.

Chaque citoyen a droit au plein épanouissement de sa personne dans le respect des droits d'autrui, de l'ordre public, de la morale et des bonnes mœurs.

La peine de mort est abolie.

Qu'est-ce que cela signifie ?

Cet article consacre le caractère sacré de la personne humaine et son droit à la vie (différente de la mort). Le droit à la vie est inhérent à la personne humaine.

Il est fait obligation à l'Etat de respecter la personne humaine et de la mettre à l'abri de toutes sortes de menaces ou d'atteintes.

Le développement total d'un citoyen ne doit pas aller à l'encontre des principes sacro-saints de la société, notamment des droits d'autrui, de l'ordre public, de la morale et des bonnes mœurs.

La peine de mort ne peut plus exister ni s'exécuter dans notre pays. Il s'agit de l'abolition de celle-ci. La peine de mort[23] était une peine principale, criminelle, afflictive et infamante ; la seule peine corporelle que nos lois connaissaient. Elle s'exécutait par décapitation, en droit commun, et par fusillade,

---

[23]-Article 1er du deuxième protocole facultatif se rapportant au pacte international relatif aux droits civils et politiques, visant à abolir la peine de mort du 15 décembre 1989 ; Lexique des termes juridiques ; Cour constitutionnelle, décision n° 001/DCC/SVA/17 du 20 janvier 2017.

en matière politique. La peine de mort consistait à supprimer la vie humaine.

Article 9 : La liberté de la personne humaine est inviolable. Nul ne peut être arbitrairement accusé, arrêté ou détenu.

Tout prévenu est présumé innocent jusqu'à ce que sa culpabilité ait été établie à la suite d'un procès juste et équitable garantissant les droits de la défense.

Les droits de la victime sont également garantis.

Que retenir de ce texte ?

A la lumière de cette disposition, celle-ci pose le principe de l'inviolabilité de la liberté reconnue à la personne humaine. La liberté individuelle ne peut souffrir d'aucune entorse ou d'aucune violation. Il est interdit l'accusation, l'arrestation ou la détention illégale d'un individu par un dépositaire de l'autorité publique. Ce faisant, c'est un acte attentatoire à la liberté individuelle. L'arrestation d'un individu doit être effectuée par un officier de police judiciaire[24]. La loi proscrit, sans ordre des autorités constituées et hors les cas prévus, d'arrêter, d'enlever, de détenir ou de séquestrer une personne sans en avoir le droit.

La présomption d'innocence est aussi un principe sacro-saint de la personne humaine. Tout prévenu présenté devant un tribunal est présumé innocent. C'est-à-dire considéré comme n'ayant commis aucune infraction jusqu'à ce que sa culpabilité soit reconnue par le juge.

Le dernier alinéa garantit les droits de la victime. En d'autres termes, l'individu qui subit un préjudice peut faire valoir ses droits (droit au juge, droit à la réparation, droit à un avocat…)[25].

---

[24]-Article 73 du code de procédure pénale.

[25]-Conseil d'Etat du 5 mai 1944, Dame veuve Trompier-Gravier ; Conseil d'Etat du 26 octobre 1945, Aramu, Conseil constitutionnel, 76-70 DC du 2 décembre 1976.

Article 10 : Sauf en cas de perte ou de déchéance de la nationalité, aucun citoyen congolais ne peut être ni extradé, ni livré à une puissance ou organisation étrangère, pour quelque motif que ce soit.

L'Etat a le devoir de porter assistance à tout citoyen congolais poursuivi devant une juridiction étrangère ou internationale.

Comment comprendre cet article ?

Ce texte interdit l'extradition de tout citoyen congolais devant une juridiction étrangère, quelle que soit la raison.

Les ressortissants congolais poursuivis devant une juridiction étrangère (juridiction française...) bénéficient de l'aide et de l'assistance de l'Etat congolais par le biais de ses représentants diplomatiques. De quelle assistance s'agit-il ? Il s'agit de trouver un avocat à son ressortissant ainsi que le payer, et le soutenir moralement. Bref, réunir les moyens lui permettant de faire face au procès.

Article 11 : Toute personne arrêtée est informée du motif de son arrestation et de ses droits dans une langue qu'elle comprend.

Tout acte de torture, tout traitement cruel, inhumain ou dégradant est interdit.

Le pouvoir judiciaire, gardien des libertés individuelles, assure le respect de ce principe dans les conditions fixées par la loi.

Comment interpréter ce texte ?

Cet article extrêmement important renforce les droits de la personne humaine. Il s'agit d'un droit à l'information reconnu à toute personne arrêtée par les services de police dans une langue qu'elle comprend, notamment le lingala, le kituba, le français, l'anglais...

Cette disposition interdit la torture, le traitement cruel, inhumain ou dégradant[26] au Congo. Elle consacre le respect de la dignité humaine.

Le pouvoir judiciaire[27] veille au respect des libertés individuelles conformément à la loi. Que ces libertés d'aller et venir, de penser, d'association... ne soient violées sous son regard impuissant.

Article 12 : Les crimes de guerre, les crimes contre l'humanité, le crime de génocide, sont punis dans les conditions déterminées par la loi. Ils sont imprescriptibles.

Quel est le sens de cet article ?

Les crimes de guerre, les crimes contre l'humanité et le crime de génocide sont punis conformément à la loi[28]. L'écoulement du temps ne peut rendre impossibles les poursuites de ces crimes si graves.

Article 13 : Toute propagande ou toute incitation à la haine ethnique, à l'insurrection, à la violence ou à la guerre civile constitue un crime puni par la loi.

Que retenir de ce texte ?

Est un crime sanctionné par la loi le fait de répandre, de propager ou de pousser des individus à des actes menaçant le

---

[26]-Article 5 de la Déclaration universelle des droits de l'homme du 10 décembre 1948 ; le Pacte international relatif aux droits civils et politiques du 16 décembre 1966 ; article 1er de la Convention contre la torture et autres peines ou traitements cruels, inhumains ou dégradants du 10 décembre 1984 ; la Charte africaine des droits de l'homme et des peuples du 25 mai 1963.

[27]-Article 66, §2, de la Constitution française du 4 octobre 1958.

[28]-Loi n° 8-98 du 31 octobre 1998 portant définition et répression du génocide, des crimes de guerre et des crimes contre l'humanité ; le Statut de Rome portant création de la Cour pénale internationale du 11 avril 2002 ; loi n° 20-99 du 15 août 1999 autorisant l'adhésion de la République du Congo à la convention contre la torture et les autres peines ou traitements cruels, inhumains ou dégradants.

vivre ensemble ou la paix (la haine ethnique, la violence ou la guerre civile).

Article 14 : Tout individu, tout agent de l'Etat, tout agent des collectivités locales, toute autorité publique qui se rendrait coupable d'acte de torture ou de traitement cruel, inhumain ou dégradant, soit de sa propre initiative, soit sur instruction, est puni conformément à la loi.

Que dire de ce texte ?

Ce texte punit tout individu ou toute autorité publique ayant commis des actes attentatoires aux droits humains soit de son propre gré, soit sur ordre de qui que ce soit. Cet article est la suite logique de l'article 11, alinéa 2, de la présente Constitution interdisant la torture, le traitement cruel, inhumain ou dégradant. L'impunité est bannie.

Toute personne, quel que soit son rang, lorsqu'elle commet des actes attentatoires aux droits humains, soit de sa propre volonté, soit sur ordre, est punie conformément à la loi.

Article 15 : Tous les citoyens congolais sont égaux devant la loi et ont droit à la protection de l'Etat.

Nul ne peut être favorisé ou désavantagé en raison de son origine familiale, ethnique, de sa condition sociale, de ses convictions politiques, religieuses, philosophiques ou autres.

Qu'est-ce que cela signifie ?

A la lecture de cette disposition, il ressort l'égalité[29] de tous les Congolais devant la loi et leur droit de protection par les pouvoirs publics. Ce texte proscrit toute faveur ou défaveur à l'égard d'une personne pour des raisons familiale, ethnique, de la condition sociale, de ses convictions politiques, religieuses, philosophiques ou autres.

---

[29]-Article 1er de la Charte des droits et libertés adoptée le 29 mai 1991 par la Conférence nationale souveraine ; 1.2 de la Charte de l'unité nationale adopté le 29 mai 1991 par la Conférence nationale souveraine.

Article 16 : La loi garantit et assure la promotion et la protection des droits des peuples autochtones.

Comment comprendre ce texte ?

La République du Congo assure aux peuples autochtones les droits inhérents à leur vie sans lesquels ils ne sauraient vivre en êtres humains. La promotion et la protection de ces droits sont garanties par la loi n° 5-2011 du 25 février 2011 portant promotion et protection des droits des populations autochtones.

Article 17 : La femme a les mêmes droits que l'homme.

La loi garantit la parité et assure la promotion ainsi que la représentativité de la femme à toutes les fonctions politiques, électives et administratives.

Qu'est-ce que cela signifie ?

L'alinéa 1er de ce texte prône l'égalité des droits entre l'homme et la femme. En effet, les droits reconnus à l'homme sont les mêmes reconnus à la femme, sans exception. Par exemple, le droit au travail, le droit civil, le droit politique, etc. Cette disposition met évidemment un terme à d'innombrables injustices ou inégalités que le genre féminin subit.

La loi[30] à laquelle l'alinéa 2 de cet article fait allusion n'est pas encore votée par le parlement congolais.

Article 18 : Tout citoyen a droit, en tout lieu, à la reconnaissance de sa personnalité juridique.

Comment comprendre cette disposition ?

Il s'agit, ici, de la reconnaissance des droits et obligations de tout citoyen. Que signifie tout lieu et quels sont ses droits ? Tout lieu peut être identifié au domicile, au travail, à l'étranger,

---

[30]-La loi du 27 janvier 2011 sur la représentation équilibrée des femmes et des hommes au sein des conseils d'administration et de surveillance et la loi du 12 mars 2012 relative à l'égalité dans la fonction publique le reconnaissent de manière de plus en plus complète en sanctionnant les violations, même si la parité n'est pas une réalité partout et pour tous. (Toutes ces lois sont françaises).

etc. Les différents droits sont les droits à la vie, à l'éducation, au travail, etc.

Article 19 : La citoyenneté congolaise est garantie par la loi. Tout Congolais a le droit de changer de nationalité ou d'en acquérir une seconde.

Que signifie ce texte ?

La loi[31] a prévu les modalités d'obtention de la nationalité congolaise par des étrangers. Il est permis au Congolais de changer de nationalité ou d'avoir une seconde nationalité, sans renoncer à la première qui est celle d'origine. Par exemple, un Congolais peut avoir la nationalité française, tout en conservant la nationalité congolaise.

Article 20 : Le domicile est inviolable.

Il ne peut être ordonné de perquisition que dans les formes et les conditions prévues par la loi.

Comment interpréter ce texte ?

Cette disposition consacre le principe de l'inviolabilité du domicile. Personne ne peut violer le domicile de qui que ce soit.

La perquisition pour des éléments de preuves d'une infraction au domicile d'une personne ne peut être exécutée que conformément à la loi[32]. Un domicile transformé en siège d'un parti politique perd son caractère de domicile privé et peut faire l'objet de perquisition, conformément à la loi.

Article 21 : Le droit d'asile est accordé aux ressortissants étrangers dans les conditions déterminées par la loi.

Que dire de ce texte ?

Devant la persécution de son Etat d'origine, la République du Congo accorde le droit d'asile aux étrangers faisant l'objet

---

[31]-Loi n° 35-61 du 20 juin 1961 portant code de la nationalité congolaise.

[32]-Articles 41, 43, 77 et suivants de la loi n° 1-63 du 13 janvier 1963 portant code de procédure pénale.

de menace, dans le respect de la loi[33]. Le droit d'asile recèle une vertu cardinale dans le sens où il permet de mettre le ressortissant étranger demandeur de ce droit à l'abri du danger.

Article 22 : Tout citoyen a le droit de circuler librement sur l'ensemble du territoire national.

Il a le droit de sortir librement du territoire national et d'y revenir, sauf si cette liberté fait l'objet de restriction par voie judiciaire ou administrative.

Qu'est-ce que cela signifie ?

Il s'agit de la liberté de circulation des personnes et des biens, c'est-à-dire la liberté d'aller et de venir des personnes sur toute l'étendue du territoire national, sans être inquiétées par quoi que ce soit.

Ce même texte, à l'alinéa 2, pose toujours le principe de la liberté d'aller et venir[34] dans le cadre de quitter son pays et d'y revenir lorsqu'on ne se reproche de rien.

Article 23 : Les droits de propriété et de succession sont garantis.

Nul ne peut être privé de sa propriété que pour cause d'utilité publique, moyennant une juste et préalable indemnité, dans les conditions prévues par la loi.

Quel est le sens de ce texte ?

La loi a prévu toutes les prérogatives concernant le titulaire d'un bien, propriétaire et successeur.

On ne peut céder ou perdre sa propriété ou son bien qu'en raison de l'intérêt général ou collectif. Lorsque l'Etat veut déposséder une personne d'un bien pour l'intérêt de toute la population, celui-ci doit avant toute chose la payer, conformément à la loi. Il s'agit de l'expropriation pour cause d'utilité publique ou d'intérêt général.

---

[33]-Article 14 de la Déclaration universelle des droits de l'homme du 10 décembre 1948.

[34]-Article 14 de la Charte des droits et des libertés du 29 mai 1991 (Cf. Nat. Souv.).

Article 24 : Les libertés de croyance et de conscience sont garanties.

L'usage de la religion à des fins politiques est interdit.

Toute manipulation, tout embrigadement des consciences, toutes sujétions de toutes natures imposées par tout fanatisme religieux, philosophique, politique ou sectaire sont interdits et punis par la loi.

Que peut-on dire de cette disposition ?

Toute personne a droit à la liberté de religion et de conscience. Ce droit implique la liberté de changer de religion ou de conviction ainsi que la liberté de manifester sa religion ou sa conviction seule ou en commun, tant en public qu'en privé, par l'enseignement, les pratiques, le culte et l'accomplissement des rites dans le respect des lois et règlements en vigueur.

Il est interdit de se servir de la religion pour satisfaire ses ambitions politiques.

La loi interdit et punit tout individu attaché à la religion, à la philosophie, à la politique ou à une secte pour provoquer des troubles à l'ordre public, des divisions et autres.

Article 25 : Tout citoyen a le droit d'exprimer et de diffuser librement son opinion par la parole, l'écrit, l'image ou par tout autre moyen de communication.

La liberté de l'information et de la communication est garantie. Elle s'exerce dans le respect de la loi.

La censure est prohibée.

L'accès aux sources d'information est libre et protégé dans les conditions déterminées par la loi.

Que retenir de cet article ?

Cet article cite ou énumère les moyens par lesquels tout citoyen a le droit d'exprimer et de diffuser son opinion. Cette liberté de la communication et de l'information est assurée, prévue par la loi.[35]

---

[35]-Loi n° 8-2001 du 12 novembre 2001 sur la liberté de l'information et de la communication.

Le contrôlc ou la sanction par l'autorité compétente de la liberté de l'information et de la communication sont interdits. Que signifie cela ? Cela veut dire que l'organe habilité à contrôler cette liberté ne peut rester impuissant face aux organes de presse qui ne respectent pas la loi.

Le dernier alinéa de ce texte pose le problème du libre accès aux sources d'information et de sa protection conformément à la loi.

Exemple : Un document gardé secret défense ne peut être accédé que dans le respect de la loi.

Article 26 : Le secret des correspondances, des télécommunications ou de toute autre forme de communication ne peut être violé, sauf dans les cas et les conditions prévus par la loi.

Qu'est-ce que cela signifie ?

A la simple lecture de ce texte, il apparaît l'inviolabilité du secret des correspondances, des télécommunications ou de toute autre forme de communication, sauf lorsque la loi permet l'entorse de cette disposition[36]. Par ailleurs, dans l'intérêt supérieur de la défense nationale, ce secret peut être violé conformément à la loi.

Article 27 : L'Etat reconnaît et garantit, dans les conditions fixées par la loi, les libertés d'association, de réunion, de cortège et de manifestation.

Qu'est-ce que cela signifie ?

Il s'agit de la reconnaissance par l'Etat des libertés d'association, de réunion, de cortège et de manifestation conformément à la loi[37]. L'exercice de ces libertés constitue un faisceau d'indices de la bonne santé démocratique.

---

[36]-Loi du 10 juillet 1991 relative au secret des correspondances émises par la voie des télécommunications.

[37]-L'ordonnance n° 62-28 du 23 octobre 1962 relative au régime des manifestations sur la voie publique : elle oblige les organisateurs d'un rassemblement sur la voie publique à en informer l'autorité

Article 28 : Le droit à la culture et au respect de l'identité culturelle de chaque citoyen est garanti.

L'exercice de ce droit ne doit porter préjudice ni à l'ordre public, ni à autrui et à l'unité nationale.

Comment interpréter cet article ?

Cet article est extrêmement significatif. En effet, nul ne peut être privé de sa culture et du respect de son identité culturelle.

Il est interdit que l'usage de ce droit cause tort ou porte atteinte à l'ordre public, à autrui et à l'unité nationale.

Article 29 : L'Etat assure l'épanouissement de la jeunesse. A ce titre, il garantit notamment :

- **Le droit à l'éducation et l'égal accès à l'enseignement et à la formation ;**
- **La scolarité obligatoire jusqu'à l'âge de seize(16) ans.**

Que signifie cet article ?

Cet article garantit l'épanouissement de la jeunesse congolaise à travers l'éducation, l'enseignement et la formation. La scolarité est obligatoire jusqu'à seize (16) ans. A cet âge, un enfant ne peut travailler.

Article 30 : L'Etat reconnaît à tous les citoyens le droit au travail et crée les conditions qui en rendent effective la jouissance.

Que retenir de cet article ?

---

administrative compétente cinq (05) jours francs au moins et quinze (15) jours francs au plus avant la date de la manifestation, en précisant les noms, prénoms et domiciles des organisateurs, le lieu, la date et l'heure du rassemblement et l'itinéraire projeté. Si l'autorité administrative estime que le projet qui lui a été communiqué constitue une menace pour l'ordre public, il lui appartient de prendre une mesure d'interdiction de la manifestation ; loi du 1er juillet 1901 relative au contrat d'association ; Const. du 16 juillet 1971, liberté d'association ; loi n° 23/60 du 11 mai 1960 sur les réunions publiques.

Interrogeons-nous alors sur la signification de cet article précité, considéré au strict plan du droit au travail des citoyens. En effet, tous les individus ont droit au travail, qui comprend le droit qu'a toute personne d'obtenir la possibilité de gagner sa vie par un travail librement choisi ou accepté, et prendront les mesures appropriées pour sauvegarder ce droit, et de jouir des conditions de travail justes et favorables, qui assurent notamment : une rémunération juste, la sécurité et l'hygiène, la promotion, le repos et les loisirs, etc. Le droit au travail garanti à tous les citoyens est sans distinction de race, de sexe ou de religion.

Article 31 : Les personnes âgées et les personnes vivant avec handicap ont droit à des mesures de protection en rapport avec leurs besoins physiques, moraux ou autres, en vue de leur plein épanouissement dans les conditions déterminées par la loi.

L'Etat a le devoir de promouvoir la présence de la personne vivant avec handicap au sein des institutions et administrations nationales et locales.

Comment interpréter ce texte ?

L'examen de ce texte indique que les personnes âgées, c'est-à-dire les vieillards, et les personnes vivant avec un handicap physique, moral ou autre sont protégées par la loi (loi n° 009/92 du 22 avril 1992 portant statut, protection et promotion des personnes handicapées), en vue de leur épanouissement.

Il est demandé à l'Etat de nommer des personnes vivant avec handicap dans les institutions et administrations publiques. Pourquoi ? Pour une seule et unique raison : lutter contre toutes formes de discriminations auxquelles sont confrontées les personnes handicapées.

Article 32 : A l'exception des magistrats et des agents de la force publique, les libertés syndicales et le droit de grève sont garantis dans les conditions fixées par la loi.

Qu'est-ce que cela signifie ?

L'interprétation de l'article ci-dessus rapporté, en considérant les aspects des libertés syndicales et le droit de grève, conduit à la compréhension suivante : sont prévus par la loi en vigueur dans notre pays les libertés syndicales et le droit de grève de tous les corps de l'administration publique, sauf pour les magistrats[38] (présidents, juges, procureurs) et les agents de la force publique (policiers, gendarmes et militaires). Autrement dit, les libertés syndicales et le droit de grève sont garantis à tous les corps de l'Etat, sauf aux magistrats et aux agents de la force publique. Pourquoi ? Pour le maintien de l'ordre et de la sécurité publique.

Article 33 : Nul ne peut être astreint à un travail forcé, sauf dans le cas d'une peine privative de liberté prononcée par une juridiction légalement établie.

Nul ne peut être soumis à l'esclavage.

Que penser de cet article ?

En dehors des décisions de justice condamnant à une peine privative de liberté, aucune personne ne peut être soumise à un travail forcé de manière illégale et irrégulière. Il s'agit de l'interdiction au travail forcé. Il peut être assimilé au traitement cruel, inhumain ou dégradant. La pratique d'esclavage est interdite, sous toutes ses formes.

Article 34 : Toute personne a droit au repos et aux loisirs, notamment à une limitation de la durée de travail et à des congés périodiques ainsi qu'à la rémunération des jours fériés dans les conditions fixées par la loi.

Comment comprendre cet article ?

---

[38]-Loi n° 15-99 du 15 avril 1999 modifiant et complétant certaines dispositions de la loi n° 023-92 du 20 août 1992 portant statut de la magistrature.

La loi[39] reconnaît à toute personne le droit au repos et aux loisirs, à un temps de travail précis et à des congés périodiques et à la paie des jours où le travail ne peut avoir lieu. Ces droits font partie de la longue liste des droits économiques et sociaux.[40]

Article 35 : Tout citoyen a droit à la protection des intérêts moraux et matériels découlant de toute œuvre scientifique, littéraire ou artistique dont il est l'auteur.

La mise sous séquestre, la saisie, la confiscation, l'interdiction de tout ou partie de toute publication, de tout enregistrement ou d'autres moyens d'information ou de communication ne peut se faire qu'en vertu d'une décision de justice.

Quel est le sens de ce texte ?

Ce texte évoque le droit à la protection de la propriété intellectuelle, et des avantages découlant de l'œuvre d'un citoyen. Autrement dit, un citoyen créateur d'une œuvre doit tirer profit de celle-ci.

Seule la décision rendue par une juridiction compétente peut autoriser la mise sous séquestre, la saisie, la confiscation, l'interdiction de tout ou partie de toute publication, de tout enregistrement ou d'autres moyens d'information ou de communication. Sans cette décision, il ne peut y avoir des sanctions.

Article 36 : L'Etat est garant de la santé publique.

L'Etat garantit le droit de créer des établissements socio-sanitaires privés dans les conditions fixées par la loi.

Qu'est-ce que cela signifie ?

---

[39]-Loi n° 6-96 du 6 mars 1996 modifiant et complétant certaines dispositions de la loi n° 45/75 du 15 mars 1975 instituant un code de travail.

[40]-Article 10 de la Déclaration universelle des droits de l'homme du 10 décembre 1948.

L'Etat doit mettre les moyens permettant le bien-être de ses citoyens, par l'établissement des centres de santé adéquats.

La création des établissements socio-sanitaires est conditionnée par un agrément ou une autorisation préalable délivrée par l'Etat, conformément à la loi. Sans cette autorisation, tout centre de santé exerce dans l'illégalité. Par conséquent, il doit être fermé.

Article 37 : L'Etat à l'obligation d'assister la famille dans sa mission de gardienne de la morale et des valeurs compatibles avec l'ordre républicain.

Les droits de la mère et de l'enfant sont garantis.

Que dire de cet article ?

Il est fait obligation à l'Etat de ne pas abandonner la famille dans sa mission de gardienne de la morale et des valeurs compatibles avec l'ordre républicain. Le Congo accorde à la famille une place de choix par la loi n° 073/83 du 17 octobre 1984 portant code de la famille.

En faisant des programmes scolaires compatibles avec les valeurs républicaines.

Les droits de la mère et de l'enfant sont prévus ou reconnus par les lois en vigueur dans notre pays.

Article 38 : Le mariage et la famille sont sous la protection de la loi.

Tous les enfants nés dans le mariage ou hors mariage ont à l'égard de leurs parents les mêmes droits et devoirs.

Ils jouissent de la même protection aux termes de la loi.

Les parents ont à l'égard de leurs enfants nés dans le mariage ou hors mariage les mêmes obligations et les mêmes devoirs.

Quelle est la compréhension de ce texte ?

Il s'agit ici de la protection par la loi[41] du mariage et de la famille. Ils sont, tous deux, deux (02) institutions au bon plaisir

---

[41]-Article 127 de la loi n° 073/84 du 17 octobre 1984 portant code de la famille.

des hommes. La famille est la première cellule de base qui mérite protection.

Il n'y a pas de distinction entre les enfants nés dans le mariage et ceux nés hors mariage. Ils ont tous les mêmes droits et devoirs à l'égard de leurs parents sans discrimination.

Il s'agit de l'égalité des droits et devoirs des enfants nés dans ou hors mariage.

Les enfants nés dans le mariage ou hors mariage bénéficient de la même protection prévue par la loi, il n'y a pas de faveur pour les enfants nés dans le mariage au détriment de ceux qui ne le sont pas.

Les parents doivent traiter leurs enfants, sans distinction aucune, qu'ils soient nés d'une union légale ou d'une union libre, de la même manière. Il s'agit de l'égalité de traitement des parents à l'égard de leurs enfants nés dans ou hors mariage.

Article 39 : Tout enfant, sans discrimination, a droit, de la part de sa famille, de la société et de l'Etat, aux mesures de protection qu'exige sa condition.

Quelle est la signification de cet article ?

Ce texte soulève le problème relatif à la protection de l'enfant par sa famille, la société et l'Etat. Ces trois (03) institutions doivent protection à l'enfant pour garantir son plein épanouissement. Le droit à la protection de l'enfant est dû à la fragilité de celui-ci et pour son lendemain meilleur.

Article 40 : L'Etat à l'obligation de protéger les enfants et les adolescents contre l'exploitation économique ou sociale.

Le travail des enfants de moins de seize(16) ans est interdit.

Interrogeons-nous sur la signification de cet article ?

A la simple lecture de cet article, il apparaît que, pour des raisons économiques ou sociales, les enfants et les adolescents bénéficient des mesures de protection de l'Etat. C'est pourquoi, il est interdit aux enfants qui n'ont pas atteint l'âge de seize (16) ans de pouvoir travailler.[42]

Article 41 : Tout citoyen a droit à un environnement sain, satisfaisant et durable et a le devoir de le défendre.

L'Etat veille à la protection et à la conservation de l'environnement.

Que retenir de ce texte ?

Ce que nous devons retenir de ce texte est extrêmement important, c'est qu'il nous évoque la protection de l'environnement tant par l'Etat que les citoyens. Aucun citoyen ne peut vivre dans un environnement ou milieu insalubre ou susceptible de rendre malade.

Article 42 : Les conditions de stockage, de manipulation, d'incinération et d'évacuation des déchets toxiques, polluants ou radioactifs, provenant des usines et autres unités industrielles ou artisanales installées sur le territoire national, sont fixées par la loi.

Toute pollution ou destruction résultant d'une activité économique donne lieu à compensation.

La loi détermine la nature des mesures compensatoires et les modalités de leur exécution.

Quel est le sens de cet article ?

La loi prévoit les conditions dans lesquelles les usines fonctionnent et débarrassent les déchets nuisibles. Autrement dit, tout se fait conformément à la loi.

Les déversements de déchets, de produits résiduaires solides, liquides, ou gazeux, et l'utilisation systématique de substances chimiques qui, au-delà d'une limite de quantité vite atteinte, détruisent la fidélité des sols après l'avoir exaltée, condamnent l'auteur de ces actes à payer aux victimes des sommes d'argent. Il s'agit de l'indemnisation des victimes par l'auteur de ces actes.

---

[42]-Loi du 15 janvier 1975 relative au code du travail.

L'indemnisation des victimes par les auteurs de ces actes est prévue par la loi.

Article 43 : Le transit, l'importation, le stockage, l'enfouissement, le déversement dans les eaux continentales et les espaces maritimes sous juridiction nationale, l'épandage dans l'espace aérien des déchets toxiques, polluants, radioactifs ou de tout autre produit dangereux en provenance ou non de l'étranger, constituent des crimes punis par la loi.

Que signifie ce texte ?

Cette disposition nous amène à comprendre que des produits dangereux ou toxiques, cités ci-dessus provenant de l'étranger ou non, constituent des crimes punis par la loi.

Article 44 : Tout acte, tout accord, toute convention, tout arrangement administratif ou tout autre fait, qui a pour conséquence de priver la Nation de tout ou partie de ses propres moyens d'existence, tirés de ses ressources naturelles ou de ses richesses, est considéré comme crime de pillage et puni par la loi.

Que dire de cet article ?

Tout accord ou arrangement signé légalement ou illégalement par un citoyen dans le but de ne pas faire bénéficier à la nation congolaise totalement ou partiellement des moyens d'existence, provenant de ses richesses, est un crime de pillage puni conformément à la loi.

Article 45 : Les actes visés à l'article précédent, ainsi que leur tentative, quelles qu'en soient les modalités, s'ils sont le fait d'une autorité constituée, sont, selon les cas, punis comme crime de pillage ou comme acte de forfaiture.

Que penser de cette disposition ?

Cette disposition apporte la précision selon laquelle les actes visés à l'article 44 de la présente Constitution sont punis comme crime de pillage ou comme acte de forfaiture lorsqu'ils sont l'œuvre d'une autorité constituée. Autrement dit, une autorité constituée, à l'origine des faits pouvant priver la nation des moyens de vivre tirés de ses richesses naturelles (pétrole, or, cuivre, diamant, bois...), commet un crime de pillage ou un acte de forfaiture. Qu'est-ce qu'une autorité constituée ? La réponse à cette interrogation est simple. En effet, une autorité constituée est une autorité prévue par la Constitution. Il s'agit du président de la République, des ministres, des parlementaires, etc. Autrement dit encore, cet article punit pour crime de pillage ou acte de forfaiture les autorités qui sont tombées sous le coup de l'article précédent.

Article 46 : Tout citoyen a le droit de présenter des requêtes aux organes appropriés de l'Etat.

Que retenir de ce texte ?

Il n'est pas interdit au citoyen, en cas de litige ou problème, de présenter des requêtes écrites directement au service concerné de l'Etat qui s'occupe particulièrement dudit litige. Ce droit est reconnu à tout citoyen sans discrimination aucune, c'est-à-dire sans distinction de race, de religion, de sexe, d'ethnie, etc. C'est le cas des justiciables à la justice, et des administrés au médiateur de la République.

Article 47 : Tout citoyen qui subit un préjudice du fait de l'administration a le droit d'agir en justice, dans les formes déterminées par la loi.

Quel est le sens de cet article ?

Cet article soulève la question de la responsabilité administrative. En effet, lorsque l'administration cause un dommage à un citoyen, celui-ci la traduit devant la justice afin de demander réparation de son tort conformément à la loi. Cette disposition évite la justice expéditive ou la justice privée.

Article 48 : Toute personne a le droit, dans le respect de la loi, d'entreprendre dans les secteurs de son choix.

Que signifie cet article ?

Dans le respect de la loi, toute personne a le droit d'exercer des activités économiques dans les secteurs qui lui paraissent favorables. Il s'agit de la liberté de commerce et d'industrie garantie par la présente Constitution.

Article 49 : Tout étranger régulièrement établi sur le territoire de la République du Congo bénéficie des mêmes droits et libertés que les nationaux, dans les conditions déterminées par les traités et les lois, sous réserve de réciprocité.

Que dire de cette disposition ?

L'étranger établi en République du Congo bénéficie des mêmes droits et libertés que les Congolais eux-mêmes, à condition que ceux-ci soient prévus par les traités et les lois appliqués de part et d'autre, c'est-à-dire aussi bien au Congo que dans le pays de cet étranger. Il s'agit de l'application réciproque des textes juridiques en vigueur.

SOUS-TITRE II :
DES DEVOIRS

Article 50 : Tout citoyen a le devoir de se conformer à la Constitution, aux lois et règlements de la République et de s'acquitter de ses obligations envers l'Etat et la société.

Que peut-on dire de cet article ?

L'examen de cet article indique que tout citoyen, dans les actes qu'il pose, ne doit pas être en contradiction avec la Constitution, les lois et règlements (décret, arrêté et circulaire) de la République du Congo. Il est donc obligé de faire ce qui lui est dû vis-à-vis de l'Etat et de la société. En d'autres termes, cet article évoque le respect des lois en vigueur, notamment la Constitution, les lois et règlements.

Article 51 : Tout citoyen a le devoir de respect des droits et libertés des autres citoyens et de sauvegarde de la sécurité et de l'ordre public.

Il œuvre à la promotion de la tolérance et du dialogue dans ses rapports avec autrui.

Il a l'obligation de préserver l'intérêt national, l'ordre social, la paix et la cohésion nationale.

Tout acte ou toute manifestation à caractère ethnique, raciste ou xénophobe est puni par la loi.

Quelle est la compréhension de cet article ?

La compréhension de cet article, sous l'aspect du devoir de respect des droits et libertés des autres, veut dire ce qui suit : tout citoyen ne doit pas porter atteinte ou bafouer les droits et libertés des autres et mettre en péril ou en danger la sécurité et l'ordre public.

Dans ses relations avec l'autre, le citoyen est censé faire une place de choix à la tolérance et au dialogue. Autrement dit, lorsqu'un litige naît, il ne doit pas recourir à la violence pour le résoudre. Cette disposition proscrit alors la violence dans les rapports entre citoyens.

L'intérêt national, l'ordre social, la paix et la cohésion nationale sont des vertus cardinales que le citoyen doit observer pour mettre le Congo à l'abri de tout conflit.

Le dernier alinéa de cet article nous amène à comprendre que la loi punit toute manifestation ethnique, raciste ou xénophobe. Cette sorte de manifestation est contraire à la loi, et ne peut y être autorisée, par quelque raison que ce soit, par l'autorité compétente.

Article 52 : Tout étranger régulièrement établi sur le territoire de la République du Congo est soumis aux obligations énoncées aux articles 50 et 51.

Que retenir de cet article ?

L'étranger résidant au Congo est tenu de respecter les obligations prévues par les articles 50 et 51 (respect de la Constitution, des lois et règlements ; obligations envers l'Etat, la société ; respect des droits et libertés des autres citoyens, etc.) de la présente Constitution. Cet article ne prévoit aucune sanction relative au non-respect de cette disposition.

Article 53 : Les biens de l'Etat sont sacrés.

Les biens du domaine public sont inaliénables, incessibles, imprescriptibles et insaisissables. Tout citoyen doit les respecter et les protéger.

La loi fixe les conditions d'aliénation des biens publics, dans l'intérêt général.

Qu'est-ce que cela signifie ?

Cet article pose le principe de la sacralisation des biens de l'Etat. Les biens de la personne publique doivent être respectés ; ils sont sacrés. Ces biens peuvent être mobiliers ou immobiliers.

Celui-ci pose les principes de base inhérents aux biens du domaine public de l'Etat. Ils ne peuvent faire l'objet d'appropriation privée.

Les biens de l'Etat ne peuvent être cédés à des tiers avant d'avoir fait l'objet d'une mesure de déclassement, transmis, acquis par l'écoulement du temps, et ne peuvent être saisis par souci d'intérêt général. Un bien appartenant à l'Etat ne peut être cédé que si les conditions fixées par la loi[43] sont remplies.

Article 54 : Tout acte de sabotage, de vandalisme, de corruption ou de dilapidation des deniers publics est interdit et réprimé dans les conditions prévues par la loi.

Comment comprendre ce texte ?

La loi[44] interdit et punit toute utilisation de l'argent de l'Etat dans les conditions qui lui sont contraires.

Article 55 : Tout citoyen, élu ou nommé à une haute fonction publique, est tenu de déclarer son patrimoine lors de sa prise de fonction et à la cessation de celle-ci, conformément à la loi.

La loi détermine les fonctions soumises à l'obligation ci-dessus indiquée ainsi que les modalités de déclaration du patrimoine.

Quelle est la compréhension de cet article ?

Cette disposition est la copie conforme de l'article 48 de la Constitution du 20 janvier 2002, relative à la déclaration des biens de tout citoyen élu ou nommé à une haute fonction publique.

En effet, ce texte extrêmement significatif nous amène à comprendre que tout citoyen élu ou nommé est obligé de faire la déclaration de ses biens lors de sa rentrée en fonction et à la fin de celle-ci.

La loi fixe les fonctions concernées et les modalités (manières) de déclaration des biens. Depuis la Constitution du 20 janvier 2002 jusqu'à la présente, cette loi n'est point votée.

---

[43]-Article 80 de la loi n° 9-2004 du 26 mars 2004 portant code du domaine de l'Etat.

[44]-Loi n° 5-2009 du 22 septembre 2009 sur la corruption, la concussion et la fraude et les infractions.

Article 56 : Tout citoyen élu ou nommé à une fonction publique a le devoir de l'exercer sans discrimination.

Quel est le sens de ce texte ?

Il résulte de la compréhension de cet article que tout citoyen élu ou nommé à un poste de l'Etat est tenu de l'exercer sans injustice, c'est-à-dire sans tenir compte de la race, de la nationalité, du sexe, de l'ethnie, etc. Il s'agit d'une mise en garde aux agents de l'Etat.

TITRE III :
DES PARTIS POLITIQUES ET DU STATUT DE L'OPPOSITION

Article 57 : Le parti politique est une association dotée de la personnalité morale qui rassemble des citoyens pour la conquête et la gestion pacifiques du pouvoir autour d'un projet de société dicté par le souci de réaliser l'intérêt général.

Que penser de cette disposition ?

Cette disposition va de pair avec l'article 2 de la loi[45] sur les partis politiques et celle qui consiste à définir le parti politique et à dire le but pour lequel il est créé. Le parti politique est un groupe de personnes bénéficiant des droits et obligations dont le but est d'accéder (arriver) pacifiquement (élection) au pouvoir au moyen d'un programme de société.[46]

Article 58 : Les partis politiques se créent librement autour d'un idéal de paix, d'unité nationale et de développement socio-économique. Ils jouissent de la personnalité morale.

L'adhésion à un parti politique est libre.

Nul ne peut faire l'objet de mesures discriminatoires en raison de son appartenance à un parti politique ou du fait qu'il n'appartient à aucune formation politique.

Il est interdit aux partis politiques de s'identifier à un département, à une commune, à un district, à une communauté urbaine ou rurale, à une religion, à une ethnie ou à un clan.

Les magistrats et les agents de la force publique ne peuvent adhérer aux partis politiques.

---

[45]-Article 1er de la loi n° 20-2017 du 12 mai 2017 portant loi organique relative aux conditions de création, d'existence et aux modalités de financement des partis politiques.

[46]-C'est le cas de la nouvelle espérance et du chemin d'avenir du Président Denis Sassou Nguesso.

Que signifie ce texte ?

Il s'agit de la liberté de création des partis politiques, sans contrainte, en tenant compte des principes sacro-saints de paix, d'unité nationale et de développement socio-économique. Ils ne doivent menacer à aucun moment ces vertus républicaines. Ces partis politiques bénéficient de droits et obligations.

L'alinéa 2 consacre la liberté d'adhésion à un parti politique.

C'est par volonté personnelle qu'un citoyen devient membre d'un parti politique, sans contrainte, sans empêchement. Personne ne peut être traité de manière injuste du fait qu'elle est ou non membre d'un parti politique. Il est interdit aux partis politiques de n'avoir en leur sein que les membres ou ressortissants d'un département, d'une communauté, etc. Un parti politique doit donc être national, c'est-à-dire avoir en son sein toutes les ethnies du pays. Il est interdit au magistrat (président, juge, procureur) et aux agents de la force publique (militaire, gendarme, policier) de faire la politique. Ils sont apolitiques. Autrement dit, les magistrats et les agents de la force publique doivent être neutres, c'est-à-dire assurer la justice et l'ordre.

Article 59 : Les partis politiques bénéficient du concours financier de l'Etat.

Que peut-on dire de cet article ?

Il faut comprendre par cet article, sous l'aspect du financement des partis politiques, que l'Etat finance (donne l'argent) les partis politiques. La subvention allouée aux partis politiques est inscrite chaque année au budget de l'Etat[47]. Le but du financement est d'empêcher que les ennemis du Congo subventionnent les partis politiques pour le déstabiliser une fois ces derniers au pouvoir.

---

[47]-Article 34 de la loi n° 20-2017 du 12 mai 2017 portant loi organique relative aux conditions de création, d'existence et aux modalités de financement des partis politiques.

Article 60 : Il est interdit aux partis politiques de recevoir toute forme de concours de nature à porter atteinte à l'indépendance et à la souveraineté nationales.

Qu'est-ce que cela signifie ?

A la simple lecture de cet article, il apparaît qu'il est interdit aux partis politiques de recevoir toutes sortes de dons et legs pouvant compromettre l'indépendance et la souveraineté nationales[48]. Ces dons, en nature ou en espèces, sont source de beaucoup de problèmes une fois ces partis politiques au pouvoir. Ces dirigeants ont les mains liées par ceux qui les ont aidés. En revanche, les partis politiques peuvent recevoir des dons et legs faisant l'objet d'une déclaration au ministère en charge de l'Administration du territoire.[49]

Article 61 : Les partis politiques doivent, pour être reconnus, se conformer aux principes suivants :

- **Le respect, la sauvegarde et la consolidation de l'unité nationale ;**
- **La protection et la promotion des droits fondamentaux de la personne humaine ;**
- **La poursuite de la satisfaction de l'intérêt général du peuple congolais ;**
- **La promotion d'un Etat de droit fondé sur le respect et la défense de la démocratie, des libertés individuelles et collectives ;**
- **La défense de l'intégrité du territoire et de la souveraineté nationale ;**
- **La proscription de l'intolérance, de l'ethnicisme, du sectarisme et du recours à la violence sous toutes ses formes ;**
- **Le respect du caractère républicain, laïque et indivisible de l'Etat.**

Quelle interprétation donnons-nous à ce texte ?

---

[48]-Article 41 de la loi organique précitée.
[49]-Article 40 de la même loi.

Pour répondre à cette question significative, il sied de dire ce qui suit : la reconnaissance des partis politiques par les pouvoirs publics ne peut se faire qu'à partir du moment où les principes ou conditions citées ci-dessus sont respectés par ces derniers. Le non-respect de ces principes ne donne lieu à la reconnaissance ou à l'existence de ces partis politiques.

Article 62 : Les autres conditions d'existence des partis politiques ainsi que les modalités de leur financement sont déterminées par une loi organique.

Que dit cet article ?

Rappelons qu'il résulte de la compréhension conjuguée des articles 61 et 62. Le premier nous donne les conditions d'existence des partis politiques alors que le second, c'est-à-dire l'article 62, donne compétence à la loi d'en élargir les conditions de création et de financement.

Article 63 : L'opposition politique est reconnue en République du Congo.

Elle ne peut subir de limites, quant à son existence et à ses activités démocratiques, que celles imposées à tous les partis politiques par la présente Constitution et la loi.

La loi détermine le statut de l'opposition politique.

Quel est le sens de cet article ?

L'interprétation de l'article ci-dessus rapporté, en considération de l'aspect de l'opposition politique, conduit à la compréhension suivante. La reconnaissance de l'opposition politique au Congo est acquise.

La Constitution et la loi prévoient des limites des activités de l'opposition et des autres partis politiques.

L'opposition politique au Congo est réglée par la loi. Cependant, cette loi n'est pas encore adoptée par le parlement.

TITRE IV :
DU POUVOIR EXECUTIF

SOUS-TITRE I :
DU PRESIDENT DE LA REPUBLIQUE

Article 64 : Le président de la République est le chef de l'Etat. Il est garant de l'indépendance nationale, de l'intégrité du territoire, de l'unité nationale, du respect de la Constitution et des traités et accords internationaux.

Il détermine la politique étrangère et de défense de la Nation.

Le président de la République est garant du fonctionnement régulier des pouvoirs publics et de la continuité de l'Etat.

Qu'est-ce que cela signifie ?

L'examen minutieux de cet article nous amène à comprendre les pouvoirs constitutionnels incarnés par le président de la République. Il est la clé de voûte des institutions.

Le président de la République met en œuvre des stratégies de politique étrangère et de défense de la nation. Il nomme les ambassadeurs auprès des puissances étrangères, et les ambassadeurs étrangers sont accrédités par lui.

Le président de la République doit faire à ce que toutes les institutions de la République fonctionnent normalement, sans s'arrêter ou sans connaître un coup.

Article 65 : Le président de la République est élu pour un mandat de cinq (5) ans renouvelable deux (2) fois.

Le président de la République reste en fonction jusqu'à la fin de son mandat qui, sauf cas de force majeure reconnue et déclarée par la Cour constitutionnelle, doit coïncider avec la prise de fonction effective de son successeur élu.

Quelle est l'interprétation de ce texte ?

Cette disposition extrêmement importante a réduit de cinq (5) ans le mandat présidentiel qui était de sept (7) ans dans la Constitution précédente du 20 janvier 2002. Lorsque le Président de la République est élu pour un mandat de cinq (5) ans, il peut être réélu deux (2) fois. Il peut donc passer quinze (15) ans au pouvoir.

Sauf événement inattendu reconnu et déclaré par la Cour constitutionnelle, le mandat du président de la République prend fin lors de la prise de fonction effective du nouveau Président élu.

Article 66 : Nul ne peut être candidat aux fonctions de président de la République s'il :

- **n'est de nationalité congolaise d'origine ;**
- **ne jouit de ses droits civils et politiques ;**
- **n'est de bonne moralité ;**
- **n'atteste d'une expérience professionnelle de huit (8) ans au moins ;**
- **n'est âgé de trente (30) ans révolus ;**
- **ne jouit d'un état de bien-être physique et mental dûment constaté par un collège de trois médecins assermentés désignés par la Cour constitutionnelle.**

Que retenir de ce texte ?

Cette disposition nous donne les conditions permettant à un citoyen d'être candidat à une élection présidentielle. Ces conditions sont cumulatives et non alternatives. Autrement dit, elles sont obligatoires et non alternatives. En d'autres termes, le candidat doit remplir toutes les conditions ; lorsqu'une condition n'est point remplie, la candidature ne peut aboutir ; et elle est donc invalidée ou rejetée.

Article 67 : Le président de la République est élu au suffrage universel direct, au scrutin uninominal, à la majorité absolue des suffrages exprimés. Si celle-ci n'est pas obtenue au premier tour du scrutin, il est procédé, vingt et un (21) jours après la proclamation des résultats par la Cour constitutionnelle, à un second tour.

Ne peuvent se présenter au second tour que les deux candidats ayant obtenu le plus grand nombre de suffrages exprimés au premier tour.

Est déclaré élu au second tour, le candidat ayant recueilli la majorité des suffrages exprimés.

Que signifie cet article ?

Pour répondre simplement à cette interrogation, il sied de dire que ce texte nous édifie sur les modes d'élection du président de la République et la période à laquelle le second tour du scrutin doit se tenir au cas où le président de la République n'est pas élu au premier tour. En effet, si le président de la République n'est pas élu au premier tour du scrutin, le second tour a lieu vingt et un (21) jours après la proclamation des résultats présidentiels par la Cour constitutionnelle.

Ne sont concernés au second tour du scrutin présidentiel que les deux (2) candidats[50] arrivés en tête du premier tour, c'est-à-dire le premier (1er) et le deuxième (2e). Le reste des candidats est éliminé.

Au second tour du scrutin présidentiel, est élu président de la République le candidat qui a obtenu le plus grand nombre de voix exprimées.

Article 68 : Le corps électoral est convoqué par décret en conseil des ministres.

Que penser de ce texte ?

Ce texte nous informe de l'acte juridique par lequel les électeurs sont convoqués. En effet, les électeurs à l'élection

---

[50]-Election présidentielle française de mai 2017, opposant au second tour Emmanuel Macron à Marine Lepen.

présidentielle sont convoqués par décret[51] pris en conseil des ministres par le président de la République.

Article 69 : Le premier tour du scrutin a lieu trente (30) jours au moins, et quarante (40) jours au plus, avant la date d'expiration du mandat du Président en exercice.

Quel est le sens de cet article ?

Cette disposition indicative nous fixe la période à laquelle le premier tour du scrutin présidentiel doit se dérouler ; un mois au moins (30 jours) et quarante (40) jours au plus, avant la fin du mandat du président de la République en fonction. Dépassé ce délai, le président de la République dirige inconstitutionnellement, sauf cas de force majeure.

Article 70 : Si avant le premier tour, un des candidats décède ou se trouve définitivement empêché, la Cour constitutionnelle prononce le report de l'élection.

En cas de décès ou d'empêchement définitif de l'un des candidats restés en lice pour le second tour, la Cour constitutionnelle déclare qu'il soit procédé de nouveau à l'ensemble des opérations électorales.

Dans les cas visés aux alinéas 1er et 2 ci-dessus, la Cour constitutionnelle, saisie soit par le président de la République, soit par le président de l'une ou de l'autre chambre du parlement, soit par tout intéressé, peut proroger les délais prévus à l'article 69. Le scrutin doit avoir lieu dans les quatre-vingt-dix (90) jours à compter de la date de la décision de la Cour constitutionnelle. Si l'application des dispositions du présent alinéa a eu pour effet de reporter l'élection présidentielle au-delà de la date d'expiration du mandat du président de la République en exercice, celui-ci demeure en fonction jusqu'à la prestation de serment de son successeur élu.

---

[51]-Décret n° 2009-143 du 8 mai 2009 portant convocation du corps électoral pour l'élection du Président de la République.

En cas de désistement de l'un des deux candidats qualifiés pour le second tour, l'élection se poursuit avec le candidat resté en lice.

Comment comprendre ce texte ?

Ce texte apparemment long pose le problème du report de l'élection présidentielle. En effet, avant le premier tour de l'élection présidentielle, si un candidat décède ou est définitivement empêché, la Cour constitutionnelle est chargée de reporter cette élection à une date ultérieure.

Contrairement à l'alinéa 1er où la Cour constitutionnelle prononce le report de l'élection présidentielle en cas d'empêchement définitif d'un candidat, l'alinéa 2 donne droit à cette même cour de déclarer qu'on reprenne toute la phase préparatoire à cette élection.

La Cour constitutionnelle, lorsqu'elle est saisie par le président de la République, les présidents du Sénat et de l'Assemblée nationale ou par tout individu, peut prolonger les délais du second tour de l'élection présidentielle de vingt et un (21) à quatre-vingt-dix (90) jours à compter de la date de sa décision.

Le dernier alinéa de ce texte nous édifie sur le retrait de l'un des deux candidats au second tour. En effet, au cas où l'un des deux candidats au second tour de l'élection présidentielle retire sa candidature, celle-ci se poursuit avec le candidat resté en lice.

Article 71 : La loi fixe les conditions et la procédure d'éligibilité, de présentation des candidatures, de déroulement du scrutin, de dépouillement et de proclamation des résultats de l'élection du président de la République.

Elle prévoit également les conditions requises pour une élection libre, transparente, juste et régulière.

Que dire de ce texte ?

Il s'agit ici d'une loi[52] qui fixe les conditions et la procédure des opérations relatives à l'élection du président de la République, notamment avant, pendant et après celle-ci.

Cette même loi organique prévoit les conditions relatives à l'élection respectant les principes démocratiques, c'est-à-dire une élection qui ne rend pas douteux les résultats des urnes.

Article 72 : Si aucune contestation n'a été soulevée dans le délai de cinq (5) jours suivant la proclamation des résultats provisoires de l'élection du président de la République et si la Cour constitutionnelle, saisie d'office, estime que l'élection n'est entachée d'aucune irrégularité de nature à entraîner l'annulation du scrutin, elle proclame les résultats définitifs de celle-ci dans les quinze (15) jours suivant sa saisine.

En cas de contestation, la Cour constitutionnelle statue dans un délai de quinze (15) jours à compter de sa saisine et proclame les résultats définitifs.

Qu'est-ce que cela signifie ?

Nous retenons ceci : cette disposition nous donne le délai auquel la Cour constitutionnelle proclame les résultats définitifs de l'élection du président de la République. En effet, la Cour constitutionnelle proclame les résultats définitifs de l'élection du président de la République dans le délai de quinze (15) jours à compter de sa saisine, en cas de non-contestation des résultats provisoires dans les cinq (5) jours ou en cas de contestation de ceux-ci.[53]

---

[52]-Loi n° 40-2014 du 1er septembre 2014 modifiant et complétant certaines dispositions de la loi n° 9-2001 du 10 décembre 2001 des lois n° 5-2007 du 25 mai 2007 et n° 9-2012 du 23 mai 2012 modifiant et complétant certaines dispositions de la loi électorale.

[53]-Décision n° 005/DCC/EL/PR/16 du 4 avril 2016 portant proclamation des résultats définitifs de l'élection du Président de la République, scrutin du 20 mars 2016.

Article 73 : En cas d'annulation de l'élection par la Cour constitutionnelle, de nouvelles élections sont organisées dans un délai de quarante-cinq (45) à quatre-vingt-dix (90) jours à compter de la notification de la décision de la Cour constitutionnelle au président de la République en fonction. Dans ce cas, le président de la République en exercice reste en fonction jusqu'à la prestation de serment du nouveau président de la République élu.

Comment comprendre cet article ?

L'examen minutieux de ce texte soulève deux (02) aspects : celui du délai de quarante-cinq (45) à quatre-vingt-dix (90) jours pour organiser de nouvelles élections présidentielles, en cas d'annulation de la précédente par la Cour constitutionnelle, et celui du maintien en fonction du Président sortant jusqu'à la prestation de serment du Président élu. Autrement dit, de nouvelles élections présidentielles ne doivent être organisées que dans un délai compris entre quarante-cinq (45) et quatre-vingt-dix (90) jours. Elles ne peuvent pas être organisées au-delà de cette période, sinon elles seront considérées comme irrégulières.

Article 74 : En cas de décès ou d'empêchement définitif du président de la République élu avant son entrée en fonction, il est procédé à de nouvelles élections dans un délai de quarante-cinq (45) à quatre-vingt-dix (90) jours à compter de la notification au président de la République en fonction de la décision de la Cour constitutionnelle constatant le décès ou l'empêchement définitif du président de la République élu.

Le président de la République en exercice reste en fonction jusqu'à la prestation de serment du nouveau président de la République élu.

Qu'est-ce que cela signifie ?

Cette disposition soulève également deux (02) aspects : celui du délai d'organisation de nouvelles élections présidentielles et celui du maintien du président de la République en fonction. Des élections présidentielles sont organisées dans un délai de quarante-cinq (45) jours au moins à quatre-vingt-dix (90)[54] jours au plus lorsque le président de la République élu n'exerce pas effectivement ses fonctions, pour cause de décès ou d'empêchement définitif.

L'alinéa 2 de cet article maintient en fonction le président de la République sortant en fonction jusqu'à la prestation de serment du Président élu.[55]

Article 75 : Les candidats à l'élection du président de la République ayant obtenu au moins dix pour cent (10%) des suffrages exprimés ont droit au remboursement des frais et dépenses de campagne.

La loi fixe le plafond autorisé pour le remboursement des frais et dépenses de campagne.

Que retenir de cet article ?

Ce texte souligne le problème relatif au remboursement des dépenses effectuées par les candidats à l'élection présidentielle. En effet, le remboursement des dépenses des candidats à l'élection présidentielle est conditionné par l'obtention de dix pour cent (10%) des votants à leur profit. Les candidats n'ayant pas obtenu au moins dix pour cent (10%) ne peuvent bénéficier de ce droit. Le but est de motiver les candidats à cette élection à mener à bien leur campagne. Une loi organique fixe les conditions relatives au remboursement.

Article 76 : Le mandat du président de la République débute le jour de sa prestation de serment et prend fin à l'expiration de la cinquième (5e) année suivant le début de celui-ci.

La prestation de serment du président de la République élu intervient vingt (20) jours au plus tard après la proclamation des résultats définitifs de l'élection par la Cour constitutionnelle.

Que signifie cet article ?

---

[54]-Cf. article 73 de la présente Constitution.

[55]-Idem.

L'alinéa 1er extrêmement significatif nous précise la durée, c'est-à-dire le début et la fin, du mandat du président de la République qui commence le 1er jour de sa prestation de serment et prend fin cinq (05) ans après le début de ce mandat. Il s'agit de la limitation du mandat présidentiel.

L'alinéa 2 évoque la question relative à la prestation de serment du président de la République qui ne peut dépasser le délai de vingt (20) jours. Autrement dit, le président de la République prête serment vingt (20) jours après la proclamation des résultats par la Cour constitutionnelle. Cela signifie que le président de la République ne peut prêter serment au-delà de vingt (20) jours.

Article 77 : Lors de son entrée en fonction, le président de la République prête le serment suivant :

- **« Devant la Nation et le peuple congolais moi : (nom de l'élu), président de la République, je jure solennellement :**
- **de respecter et de faire respecter la Constitution, et de défendre la Nation et la forme républicaine de l'Etat ;**
- **de remplir loyalement les hautes fonctions que la Nation et le peuple m'ont confiées ;**
- **de garantir la paix et la justice à tous ;**
- **de préserver l'unité nationale, l'intégrité du territoire national, la souveraineté et l'indépendance nationales ».**

Le serment est reçu par la Cour constitutionnelle, en audience publique et solennelle, en présence de l'Assemblée nationale, du Sénat et de la Cour suprême.

Quel est le sens de ce texte ?

Cette disposition nous donne la formule du serment du président de la République élu lors de son entrée en fonction. Sans prêter serment, le président de la République ne peut exercer ses fonctions.

Le non-respect ou la violation de ce serment est une haute trahison, susceptible de traduire le chef de l'Etat devant la Haute Cour de justice, conformément à la loi.

Le président de la République prête serment devant la Cour constitutionnelle, en présence de l'Assemblée nationale, du Sénat et de la Cour suprême. Concrètement, ce texte cite les institutions devant lesquelles le président de la République prête serment.

Article 78 : En cas de vacance de la fonction de Président de la République, par décès ou par toute autre cause d'empêchement définitif, les fonctions de président de la République, à l'exception des attributions mentionnées aux articles 82, 83, 86, 87, 88 alinéas 2, 89, 91, 92, 138, 162, 217 et 240, sont provisoirement exercées par le président du Sénat ;en cas d'empêchement du président du Sénat, elles sont assurées par le président de l'Assemblée nationale, et en cas d'empêchement de l'un et de l'autre, par le Premier ministre.

La vacance est constatée et déclarée par la Cour constitutionnelle, saisie par le Premier ministre.

Si dans les vingt-quatre heures suivant la vacance, le Premier ministre n'a pas saisi la Cour constitutionnelle, celle-ci se saisit d'office, constate et déclare la vacance.

Dans les deux cas, la Cour constitutionnelle désigne le président du Sénat ou le président de l'Assemblée nationale, et en cas d'empêchement de ceux-ci, le Premier ministre, président de la République par intérim.

Le président du Sénat, le président de l'Assemblée nationale ou le Premier ministre assurant l'intérim de la fonction de président de la République, ne peut être candidat à l'élection présidentielle.

Comment comprendre cet article ?

Il résulte de ce texte apparemment long que les autorités constitutionnelles susceptibles d'assurer l'intérim des fonctions présidentielles en cas de décès ou d'empêchement définitif du président de la République sont le président du Sénat, le président de l'Assemblée nationale ou le Premier ministre.

Il appartient au Premier ministre seul et non à une autre autorité de saisir la Cour constitutionnelle afin de constater et de déclarer la vacance de la fonction de président de la République.

Au cas où le Premier ministre ne saisit pas la Cour constitutionnelle dans un délai de vingt-quatre (24) heures, suivant la vacance, celle-ci se saisit elle-même, constate et déclare la vacance. Il s'agit de l'auto-saisine de la Cour constitutionnelle pour constater et déclarer la vacance du pouvoir du président de la République.

Les deux (02) derniers alinéas de cet article portent sur la désignation des présidents du Sénat et de l'Assemblée nationale ou le Premier ministre comme président de la République par intérim, et interdisent celui qui est désigné à déposer sa candidature à l'élection présidentielle.

Article 79 : Lors de son entrée en fonction, le président de la République par intérim prête le serment prévu à l'article 77. L'intérim ne peut excéder quatre-vingt-dix (90) jours.

L'élection du nouveau président de la République a lieu, sauf cas de force majeure dûment constaté par la Cour constitutionnelle, quarante-cinq (45) jours au moins et quatre-vingt-dix (90) jours au plus suivant l'ouverture de la vacance.

Que penser de cette disposition ?

Il résulte de cette disposition le serment du Président de la République par intérim (président du Sénat, président de la l'Assemblée nationale ou Premier ministre) et de la durée de son mandat. Le président de la République par intérim prête le même serment, prévu à l'article 77 de la présente Constitution, que le président de la République élu. La durée du mandat du président de la République par intérim ne peut dépasser quatre-vingt-dix (90) jours, c'est-à-dire trois (03) mois. En d'autres termes, le président de la République par intérim exerce son mandat dans un délai qui ne peut être au-delà de quatre-vingt-dix (90) jours. L'exercice du mandat présidentiel au-delà du délai prescrit est inconstitutionnel.

L'alinéa 2 de ce texte fixe le calendrier du déroulement des élections présidentielles et les périodes auxquelles elles doivent se tenir dans une période allant de quarante-cinq (45) jours et quatre-vingt-dix (90) jours.

Article 80 : Les fonctions de président de la République sont incompatibles avec l'exercice de tout autre mandat électif, de tout emploi public, civil ou militaire et de toute autre activité professionnelle.

Le mandat du président de la République est également incompatible avec toute responsabilité au sein d'un parti politique.

Que dire de cet article ?

Ce texte pose le problème de l'incompatibilité des fonctions présidentielles à d'autres fonctions. En effet, il n'est pas permis au président de la République d'exercer ses fonctions avec celles qui leur sont contraires (député, sénateur, conseiller municipal ou départemental, directeur général…).

Le président de la République est au-dessus de la mêlée. Il ne peut incarner un parti politique. D'où l'interdiction faite à celui-ci d'occuper un autre poste de responsabilité dans un parti politique au cours de son mandat. Il incarne l'unité nationale.

Article 81 : Pendant l'exercice de ses fonctions, le président de la République ne peut, par lui-même ou par intermédiaire, acheter ou prendre en bail les biens appartenant au domaine de l'Etat et des collectivités locales.

Il ne peut prendre part aux marchés publics et aux adjudications dans les administrations ou les institutions dans lesquelles l'Etat a des intérêts.

Que retenir de cet article ?

Il est interdit au président de la République, par lui-même ou par une autre personne, d'acheter les biens de l'Etat et des collectivités locales.

Il lui est encore interdit de participer aux marchés publics[56] et aux adjudications[57] dès lors que l'Etat est concerné.

---

[56]-Les marchés publics, régis par le code des marchés, sont des contrats écrits conclus à titre onéreux avec des opérateurs

Article 82 : Le président de la République perçoit un traitement dont le montant est déterminé par voie réglementaire. Il occupe une résidence officielle.

Qu'est-ce que cela signifie ?

Cette disposition traite de la question relative au traitement (salairc) du Président de la République déterminé par voie réglementaire, c'est-à-dire par décret présidentiel. Le Président de la République occupe de plein droit le palais présidentiel.

Article 83 : Le président de la République nomme le Premier ministre et met fin à ses fonctions.

Sur proposition du Premier ministre, il nomme les autres membres du Gouvernement et met fin à leurs fonctions.

Le président de la République fixe par décret les attributions des membres du Gouvernement.

Comment comprendre cet article ?

Cette disposition évoque les prérogatives du président de la République relatives au pouvoir de nomination du Premier ministre[58], et sur proposition de ce dernier, des autres ministres[59] et met fin à leurs fonctions.

Si la majorité parlementaire et la majorité présidentielle ne coïncident pas, la marge de liberté présidentielle est très faible. En fait, le président a, dans ce cas, toujours choisi jusqu'à présent l'homme proposé par la nouvelle majorité

économiques privés ou publics par l'Etat et ses établissements publics administratifs ainsi que par les collectivités territoriales et leurs établissements publics, en vue de la fourniture de travaux, de biens ou de services (Décret n° 2009-156 du 20 mai 2009).

[57]-L'adjudication est l'ancien mode de passation des marchés publics dans lequel la commande était attribuée automatiquement au candidat consentant le plus bas, après mise en concurrence préalable des candidats.

[58]-Décret n° 2016-117 du 23 avril 2016 portant nomination du Premier ministre Clément Mouamba.

[59]-Décret n° 2016-168 du 30 avril 2016 portant nomination des membres du gouvernement.

parlementaire. C'est par décret que le président de la République fixe les attributions ou pouvoirs des ministres.[60]

Article 84 : Le président de la République préside le conseil des ministres.

Que dire de cet article ?

La réunion du conseil des ministres est placée sous l'autorité du Président de la République, chef de l'Etat. Sa participation à cette réunion solennelle consiste à faire des arbitrages ; il n'est pas le chef du gouvernement.

Article 85 : Le président de la République promulgue les lois dans les quinze (15) jours suivant leur transmission par l'Assemblée nationale au Gouvernement.

Ce délai est réduit à cinq (5) jours en cas d'urgence déclarée par les deux (2) chambres du parlement.

Le président de la République peut, avant l'expiration de ces délais, demander à l'une et l'autre chambre du parlement une seconde délibération de la loi ou de certains de ses articles. Cette seconde délibération ne peut être refusée.

Si le parlement est en fin de session, cette seconde délibération a lieu, d'office, lors de la session suivante.

Le vote, pour cette seconde délibération, est acquis à la majorité des deux tiers (2/3) des membres composant l'Assemblée nationale et le Sénat réunis en congrès.

Si, après ce dernier vote, le président de la République refuse de promulguer la loi, la Cour constitutionnelle, saisie par le président de la République ou par le président de l'une ou de l'autre chambre du parlement, procède à un contrôle de conformité de la loi. Si la Cour constitutionnelle

---

[60]-Décret n° 2003-98 du 7 juillet 2003 relatif aux attributions du ministre des Affaires étrangères, de la Coopération et de la Francophonie ; décret n° 2003-116 du 7 juillet 2003 relatif aux attributions du ministre de la Fonction publique et de la Réforme de l'Etat.

déclare la loi conforme à la Constitution, le président de la République la promulgue.

Qu'est-ce que cela signifie ?

Cette disposition est très significative en ce sens qu'elle nous informe du délai de quinze (15) jours, c'est-à-dire deux (02) semaines, dont dispose le président de la République pour la promulgation des lois après leur transmission par l'Assemblée nationale au gouvernement. Ces lois ne peuvent être promulguées par le président de la République tant qu'elles ne sont pas transmises par l'Assemblée nationale au gouvernement quand bien même elles sont votées.

Lorsque l'urgence est déclarée par l'Assemblée nationale et le Sénat, une loi qui devrait, en principe être promulguée dans un délai de quinze (15) jours, l'est en cinq (05) jours.

Avant la fin des délais prévus aux alinéas 1er et 2 du présent article (15 et 5 jours), le président de la République a la possibilité de demander à l'Assemblée nationale et au Sénat de discuter à nouveau d'une loi ou de certains de ses articles seulement.

Il est interdit de refuser cette nouvelle demande de délibération proposée par le président de la République.

Au cas où les débats du parlement arrivaient à prendre fin, le second débat sollicité par le chef de l'Etat est obligatoirement renvoyé à la prochaine session du parlement.

Pour que la loi de la seconde délibération soit votée par les deux chambres du parlement, il est exigé la majorité des deux tiers (2/3) des députés et des sénateurs.

Si le président de la République refuse de promulguer une loi votée à la seconde délibération et que la Cour constitutionnelle la déclare conforme à la Constitution, le président est tenu de la promulguer. Il s'agit d'une injonction donnée à ce dernier par cette cour.

Article 86 : Le président de la République a seul l'initiative du référendum.

Que dire de cet article ?

Il n'y a que le président de la République qui prend l'initiative du référendum, c'est-à-dire la décision de consulter le peuple sur une question qui engage la vie nationale. Cette initiative ne peut être l'œuvre d'aucune autre autorité publique ou politique si ce n'est le président de la République.

Que signifie « le président de la République a seul... » ? L'adjectif « seul » signifie que ni le Premier ministre, les ministres, ni les députés, ni les sénateurs... ne peuvent prendre l'initiative du référendum, si ce n'est le chef de l'Etat.

Article 87 : Le président de la République peut soumettre au référendum, après avis de conformité de la Cour constitutionnelle, tout projet de loi quand il le juge nécessaire.

En cas d'avis de non-conformité, il ne peut être procédé au référendum.

Lorsque le référendum a conclu à l'adoption du projet, la loi est promulguée dans les quinze (15) jours suivant la proclamation des résultats de celui-ci.

Que signifie cette disposition ?

Le président de la République a la possibilité de consulter son peuple, sur tout projet de loi, à condition qu'il ne soit pas contraire à la Constitution.

Lorsque la Cour constitutionnelle estime que le projet de loi n'est pas conforme à la Constitution, il ne peut y avoir référendum.

Le président de la République promulgue la loi dans un délai de quinze (15) jours, après publication des résultats définitifs par la Cour constitutionnelle. En d'autres termes, l'alinéa 3 précise le délai de promulgation de la loi par le président de la République.

Article 88 : Le président de la République signe les ordonnances et les décrets délibérés en conseil des ministres.

Il nomme en conseil des ministres aux hauts emplois civils et militaires.

La loi détermine les fonctions et les emplois civils et militaires auxquels il est pourvu par décret en conseil des ministres.

Quel est le sens de cet article ?

Cette disposition consacre les pouvoirs réservés au président de la République à signer certains actes administratifs pris en conseil des ministres, notamment les ordonnances et les décrets et ceux de nomination des hauts cadres civils et militaires.

Que signifient « les ordonnances et les décrets délibérés en conseil des ministres » ? Ceci fait simplement allusion aux actes pris en conseil des ministres. Autrement dit, ce sont des actes décidés et adoptés en conseil des ministres et que le président de la République signe afin d'être publiés et exécutés.

Le président de la République nomme en conseil des ministres les hautes autorités civiles et militaires. Autrement dit, aucun ministre ne peut nommer en conseil des ministres un cadre civil ou militaire à de hautes fonctions de l'Etat ; c'est une compétence réservée exclusivement au président de la République. Une autorité publique nommée par le chef de l'Etat ne peut être révoquée que par ce dernier.

La nomination d'une autorité par un ministre en conseil des ministres est inconstitutionnelle et illégale. Ces actes sont nuls et de non effet. La loi[61] précise les hauts emplois et fonctions civils et militaires nommés par décret en conseil des ministres.

---

[61]-Loi n° 6-2005 du 13 mai 2005 déterminant les hauts emplois et fonctions civils et militaires pourvus en conseil des ministres.

Article 89 : Le président de la République nomme les ambassadeurs et les envoyés extraordinaires auprès des puissances étrangères et des organisations internationales.

Les ambassadeurs et les envoyés extraordinaires étrangers sont accrédités auprès de lui.

Quelle est la signification de ce texte ?

Cet article nous donne la signification suivante. Il est de la compétence ou du pouvoir exclusif du président de la République de nommer les ambassadeurs et les envoyés extraordinaires auprès des puissances étrangères et des organisations internationales. Autrement dit, le président de la République nomme les ambassadeurs et les envoyés extraordinaires auprès des autres pays et des organisations internationales.

Les ambassadeurs et les envoyés extraordinaires sont présentés au président de la République qui leur donne qualité de représenter leurs pays au Congo. L'agent diplomatique qui jouit de la confiance du gouvernement auprès duquel il est accrédité est « persona grata ». Le refus de l'agrément ou de l'invitation au rappel de l'agent diplomatique est désigné par « persona non grata ».

Article 90 : Le président de la République est le chef suprême des armées. Il préside le Comité de défense ainsi que les organes supérieurs d'orientation, de suivi et de décision stratégique en matière de défense et de sécurité.

Qu'est-ce que cela signifie ?

Le président de la République est le chef des armées. L'adjectif suprême signifie qu'en dehors du Président aucune autorité militaire ne peut être à la tête de l'armée. La compétence présidentielle fait du chef de l'Etat le titulaire du pouvoir de décider de l'engagement d'opérations militaires et de sécurité. Par la présidence des conseils[62] et comités de

[62]-Décret n° 2002-372 du 3 décembre 2002 portant création, attribution, organisation et fonctionnement du Conseil national de sécurité.

défense nationale, le Président joue un rôle essentiel dans la définition de la stratégie militaire.

Article 91 : Le président de la République préside le Conseil supérieur de la magistrature.

Comment interpréter cet article ?

Cette disposition prévoit la tenue du Conseil supérieur de la magistrature sous la présidence du président de la République[63]. Il est l'autorité habilitée à le présider.

Article 92 : Le président de la République exerce le droit de grâce.

Comment comprendre ce texte ?

Le Président de la République dispose du droit de grâce qui dispense le condamné de l'exécution totale ou partielle de sa peine. La grâce présidentielle est un pouvoir discrétionnaire du chef de l'Etat qu'il exprime au moyen d'un décret[64] présidentiel contresigné par le Premier ministre et le ministre de la Justice.

Article 93 : Lorsque les institutions de la République, l'indépendance de la Nation, l'intégrité du territoire national ou l'exécution des engagements internationaux sont menacées de manière grave et imminente et que le fonctionnement régulier des pouvoirs publics est interrompu, le président de la République prend les mesures exigées par ces circonstances, après consultation du Premier ministre et des présidents des deux chambres du parlement.

Il en informe la Nation par un message.

---

[63]-Article 3 (nouveau) de la loi n° 16-99 du 15 avril 1999 modifiant et complétant certaines dispositions de la loi n° 024-92 du 20 août 1992 et de la loi n° 29-94 du 18 octobre 1994 portant institution du Conseil supérieur de la magistrature.

[64]-Décret n° 2016-380 du 31 décembre 2016 portant remise totale ou partielle des peines aux personnes condamnées ou détenues.

Le parlement se réunit de plein droit en session extraordinaire.

Le parlement fixe le délai au-delà duquel le président de la République ne peut plus prendre des mesures exceptionnelles.

Que signifie cet article ?

Lorsque la nation est en péril, il est possible de recourir à une dictature républicaine provisoire au cours de laquelle le président de la République disposerait des pouvoirs nécessaires pour faire face à la situation.

Cette disposition répond à cette nécessité.

Les conditions de mise en œuvre de l'article 93 sont tant des conditions de fond que des conditions de forme :

- Les conditions de fond supposent que deux éléments soient réunis. Il faut d'abord une menace grave et immédiate sur les institutions de la République, l'intégrité du territoire, l'indépendance de la nation ou l'exécution de ses engagements internationaux. On peut penser à une guerre étrangère, une insurrection, à une guerre civile. Mais cet événement n'est pas suffisant, il doit s'accompagner d'une interruption du fonctionnement régulier des pouvoirs publics constitutionnels.
- Les conditions de forme résident dans la consultation du Premier ministre et des présidents de l'Assemblée nationale et du Sénat dont l'avis n'est pas publié. A l'issue de ces consultations, le président de la République informe la nation de sa décision de recours à l'article 93 par un message.

Pendant la période d'application de cette disposition, le président de la République prend les mesures nécessaires pour assurer aux pouvoirs publics constitutionnels les moyens d'accomplir leur mission. Le président peut donc intervenir dans le domaine du législateur et dans celui du gouvernement. Les mesures sont soumises pour avis à la Cour constitutionnelle, mais cet avis n'est pas publié.

Le parlement est réuni de plein droit durant toute la période d'application de l'article 93, mais il ne peut interférer par ses débats ou ses votes avec les mesures prises par le Président. Il ne peut légiférer dans les autres domaines que pendant la période durant laquelle la réunion de plein droit coïncide avec une session ordinaire. L'Assemblée nationale ne peut être dissoute, celle-ci n'a pas le droit de voter une motion de censure. Le parlement est donc un simple témoin de la mise en œuvre de l'article 93, sa seule possibilité d'action consistant à traduire le président de la République en Haute Cour de justice pour haute trahison en cas d'usage abusif de l'article 93. Le contrôle des mesures prises sur la base de l'article 93 peut être exercé par la Cour suprême dès lors que ces mesures entrent dans le pouvoir réglementaire[65]. Pour les mesures qui relèvent du domaine de la loi, le seul contrôle exercé est celui de la Cour constitutionnelle dans le cadre de sa compétence consultative.

La Constitution ne contient aucune disposition relative à la fin de l'application de l'article 93. Pour corriger cette lacune, il revient au parlement de limiter le délai des mesures exceptionnelles utilisées par le président de la République qui est souvent de trente (30) jours. Il sera politiquement difficile au chef de l'Etat de persévérer dans de telles circonstances.

Article 94 : Le président de la République adresse, une fois par an, un message sur l'état de la Nation au parlement réuni en congrès.

Il peut, à tout moment, adresser des messages à l'une ou l'autre chambre du parlement.

Ces messages ne donnent lieu à aucun débat.

Que dire de cet article ?

C'est un moyen de communication directe du président de la République avec l'Assemblée et le Sénat.

Le président de la République ne peut, par année, prononcer qu'un discours sur l'état de la nation devant les deux (02) chambres du parlement réunies en congrès. Autrement dit, le président de la République ne peut prononcer plus d'un message devant le parlement réuni en congrès.

---

[65]-Conseil d'Etat du 26 mars 1962, Rubin et Servens.

Le président de la République peut adresser, lorsque les circonstances de la vie nationale l'exigent, des messages soit devant l'Assemblée nationale, soit devant le Sénat[66]. C'est un choix laissé à sa libre appréciation.

Il est interdit aux parlementaires de débattre des messages du président de la République en raison de l'irresponsabilité politique de ce dernier.

Cette idée a suscité de fortes réactions de ceux qui voyaient dans cette possibilité une manifestation d'« hyper présidentialisme ».

Article 95 : Le président de la République est justiciable devant la Haute Cour de justice.

La responsabilité pénale du président de la République peut être engagée en cas de manquement grave à ses devoirs, manifestement incompatibles avec l'exercice de sa haute fonction.

Dans ce cas, le président de la République est mis en accusation par le parlement réuni en congrès statuant à la majorité des trois quarts (3/4) de ses membres.

Une loi organique fixe les conditions et la procédure de mise en accusation du président de la République.

Que retenir de cet article ?

La Haute Cour de justice[67] est la juridiction répressive politique compétente pour juger le président de la République en cas de haute trahison ; par exemple en cas de crime commis par lui dans l'exercice de ses fonctions. Autrement dit, cette

---

[66]-Tel est le cas du message du Président de la République adressé devant l'Assemblée nationale en date du 22 décembre 2015 annonçant les présidentielles pour le premier trimestre 2016.

[67]-La Haute Cour de justice est une juridiction répressive politique composée de juges titulaires et de juges suppléants élus, appartenant pour une moitié à l'Assemblée nationale et pour l'autre moitié au Sénat et devant laquelle peuvent être mis en accusation le Président de la République pour haute trahison et les ministres pour les crimes et délits commis dans l'exercice de leurs fonctions, ainsi que leurs complices en cas de complot contre la sûreté de l'Etat.

disposition nous indique le nom de la juridiction compétente devant laquelle le président de la République peut être traduit.

Le président de la République peut faire l'objet d'une poursuite pour manquement grave à ses devoirs. « Peut » vient du verbe « pouvoir » qui veut dire possibilité de faire ou non quelque chose.

La notion de manquement est donc politique et est soumise à l'appréciation d'un corps politique par le parlement. La convocation de la haute cour fait l'objet d'un vote dans les deux assemblées à la majorité des trois quarts (3/4) des membres les composant, à l'initiative de l'une d'entre elles. La Haute Cour de justice, composée des deux assemblées réunies sous la présidence du président de l'Assemblée nationale, statue dans un délai d'un mois.

La loi organique[68] fixant les conditions et la procédure de mise en accusation du président de la République est celle relative à la Haute Cour de justice.

Article 96 : Aucune poursuite pour des faits qualifiés crime ou délit ou pour manquement grave à ses devoirs commis à l'occasion de l'exercice de sa fonction ne peut plus être exercée contre le président de la République après la cessation de ses fonctions.

La violation des dispositions ci-dessus constitue le crime de forfaiture ou de haute trahison conformément à la loi.

Que signifie cet article ?

Ce texte à portée significative consacre l'interdiction des poursuites du chef de l'Etat. Autrement dit, on ne peut engager contre lui des poursuites pénales à la fin de son mandat. Cette interdiction des poursuites énumère aussi les infractions comme crime, délit ou manquement grave à ses devoirs commis à l'occasion de l'exercice de ses fonctions.

Le non-respect de cette disposition par un agent public constitue le crime de forfaiture[69] ou de haute trahison.[70]

---

[68]-Loi n° 1-99 du 08 janvier 199 portant attributions, organisation et fonctionnement de la Haute Cour de justice.

Article 97 : Les actes du président de la République autres que ceux prévus aux articles 82, 87 et 93 sont contresignés par le Premier ministre et les ministres chargés de leur exécution.

Comment comprendre ce texte ?

Certains actes du président de la République sont exemptés du contreseing. Il existe donc une nécessaire responsabilité politique du Président pour ces actes si sa responsabilité ne pouvait être mise en cause pour ses propres actes. Celle du gouvernement peut l'être en raison du contreseing.

Le contreseing est la signature apposée sur un acte par un ou plusieurs ministres, à côté de la signature du chef de l'Etat, en vue de l'authentifier, c'est-à-dire de la certifier.

Dans le régime parlementaire, le contreseing a pris une autre signification : c'est la formalité de prise en charge par le ministre de la responsabilité politique d'actes dont le chef de l'Etat, élément irresponsable de l'exécutif, n'est que nominalement l'auteur. Dans un régime (comme celui de la Ve République) où le chef de l'Etat exerce effectivement les pouvoirs que la Constitution lui confère, le contreseing traduit l'accord nécessaire de celui-ci et du gouvernement pour certains actes.

---

[69]-Le crime de forfaiture est un crime commis par un fonctionnaire public dans l'exercice de ses fonctions.

[70]-La haute trahison est un crime pour lequel le Président de la République peut, contrairement au principe de son irresponsabilité, être mis en accusation devant la Haute Cour de justice.

SOUS-TITRE II :
DU GOUVERNEMENT

Article 98 : Le Gouvernement comprend le Premier ministre, chef du Gouvernement et les ministres.

Comment interpréter ce texte ?

Cette disposition nous laisse à connaître la composition du gouvernement, qui comprend le Premier ministre et les ministres, et la précision intéressante selon laquelle le Premier ministre est le chef du gouvernement.

Il dispose donc d'une autorité sur les ministres dont il propose la nomination au chef de l'Etat. Il lui appartient également de proposer leur révocation en cas de manquement à la solidarité gouvernementale ou de tout autre comportement incompatible avec l'appartenance au gouvernement. Il peut arriver que, pour éviter une révocation, le ministre concerné présente sa démission ou que la révocation d'un ou de plusieurs ministres soit dissimulée par un remaniement gouvernemental global.

Article 99 : Le Premier ministre, en concertation avec le président de la République, détermine la politique économique et sociale de la Nation.

Quel est le sens de cet article ?

La politique économique et sociale de la nation est déterminée par le Premier ministre en entente ou en accord avec le président de la République. Elle n'est pas l'apanage du Premier ministre seul.

Article 100 : Le Premier ministre est responsable de la conduite de la politique économique et sociale de la Nation devant l'Assemblée nationale.

Que retenir de ce texte ?

Cette disposition nous édifie sur la responsabilité du Premier ministre devant l'Assemblée nationale relative à la politique économique et sociale. La logique de cet article voudrait que le Premier ministre mette en œuvre la politique économique et sociale du pays. L'échec de ce programme le rend responsable et entraînerait une démission forcée du chef du gouvernement par le moyen d'une motion de censure.

Article 101 : Le Premier ministre assure l'exécution des lois et exerce le pouvoir réglementaire dans les matières autres que celles relevant des décrets en conseil des ministres. Il nomme aux emplois civils et militaires autres que ceux pourvus en conseil des ministres ou par décret simple du président de la République.

Il supplée le président de la République dans la présidence des conseils de défense ainsi que des organes supérieurs d'orientation, de suivi et de décision stratégique en matière de défense et de sécurité.

Comment comprendre cette disposition ?

Le Premier ministre prend les mesures nécessaires à l'exécution des lois et il dispose du pouvoir réglementaire autonome. Il s'agit d'un pouvoir qu'il exerce avec le contreseing des ministres chargés de l'exécution de ces règlements. Sans franchir le domaine de compétence du pouvoir de nomination réservé au chef de l'Etat par la Constitution, le Premier ministre détient un pouvoir de nomination aux emplois civils et militaires.

En cas d'absence ou d'empêchement du président de la République, le Premier ministre [peut] le supplée, c'est-à-dire le remplace pour la présidence des conseils de défense ainsi que des organes supérieurs d'orientation, de suivi et de décision stratégique en matière de défense et de sécurité.

Article 102 : Le Premier ministre convoque et tient le conseil de cabinet.

Il préside les comités interministériels.

Qu'est-ce que cela signifie ?

Il est reconnu au Premier ministre le pouvoir de convoquer et de tenir le conseil de cabinet. Le conseil de cabinet[71] réunit les ministres sous la présidence du Premier ministre.

Les comités interministériels réunissent les ministres intéressés par une question déterminée sous la présidence du Premier ministre. Ils permettent de coordonner l'action des ministres et sont le lieu où le Premier ministre rend ses arbitrages.

Article 103 : A son entrée en fonction, le Premier ministre présente devant l'Assemblée nationale le programme d'action du Gouvernement.

La présentation du programme d'action du Gouvernement ne donne lieu ni à débat, ni à vote.

Que dire de ce texte ?

Il est de tradition congolaise, dans un régime parlementaire, que le Premier ministre, chef du gouvernement, présente le programme d'action du gouvernement à l'Assemblée nationale. Si un autre Premier ministre est nommé, il doit faire autant avant son entrée en fonction.

Un mauvais programme d'action du gouvernement pousse les députés à brandir l'arme fatale : la motion de censure.

Il est interdit aux parlementaires de débattre du programme d'action du gouvernement présenté par le Premier ministre.

Article 104 : Les actes du Premier ministre sont contresignés par les ministres chargés de leur exécution.

Qu'est-ce que cela signifie ?

Cette disposition nous évoque la notion du contreseing ministériel. En effet, les actes signés par le Premier ministre sont également signés par les ministres chargés de leur exécution.

Le but du contreseing ministériel est d'authentifier les actes du Premier ministre, c'est-à-dire de les certifier.

---

[71]-Conseils de cabinet du 17 juin 2016 ; 22 juillet 2016 ; 23 septembre 2016.

Le contreseing ministériel est la formalité de prise en charge par le cabinet ministériel de la responsabilité politique d'actes dont le Premier ministre n'est que nominalement l'auteur.

Article 105 : Les fonctions de membre du Gouvernement sont incompatibles avec l'exercice de tout mandat électif, de toute fonction de représentation professionnelle à caractère national et de tout emploi privé ou public, civil ou militaire ou de toute autre activité professionnelle.

Les membres du Gouvernement peuvent exercer des activités agricoles, culturelles, de conseiller local, d'enseignement et de recherche.

Que signifie cet article ?

Cet article extrêmement significatif soulève la question relative aux incompatibilités ministérielles avec d'autres fonctions ou activités publiques ou privées. En effet, on voit mal un ministre exercer simultanément à son activité ministérielle une activité dans la fonction publique qui le placerait sous l'autorité d'un de ses collègues du gouvernement ou une activité privée dans laquelle il pourrait tirer profit de son titre de ministre. De même, un ministre ne peut être membre du parlement.

A côté des incompatibilités, certaines activités publiques ou privées sont normalement admises avec l'exercice de membre du gouvernement comme des activités agricoles, culturelles, de conseiller local, d'enseignement et de recherche.

Article 106 : Pendant l'exercice de leurs fonctions, le Premier ministre et les autres membres du Gouvernement ne peuvent, par eux-mêmes ou par intermédiaire, acheter ou prendre en bail les biens appartenant au domaine de l'Etat et des collectivités locales.

Ils ne peuvent prendre part aux marchés publics et aux adjudications dans les administrations ou les institutions dans lesquelles l'Etat a des intérêts.

Ils ne peuvent, à titre onéreux ou gracieux, acquérir ni pour leur compte, ni pour le compte de tierces personnes, les résidences de fonction mises à leur disposition.

Comment interpréter ce texte ?

L'interdiction est faite au Premier ministre et aux ministres d'acheter ou de louer les biens de l'Etat et des collectivités locales (commune, département...). Qu'en est-il des anciens ministres ? Pour répondre à cette question, il sied de dire que les ministres concernés par cette disposition sont ceux qui sont en fonction, c'est-à-dire au gouvernement. Les anciens ministres ne sont pas concernés. Cela signifie, quand bien même ces derniers ne sont pas cités, qu'ils ne peuvent disposer pour eux de ces biens. Les biens de l'Etat sont inaliénables.

TITRE V : DU POUVOIR LEGISLATIF

SOUS-TITRE I : DES DISPOSITIONS COMMUNES

Article 107 : Le parlement est composé de deux chambres : l'Assemblée nationale et le Sénat.

Le parlement exerce le pouvoir législatif et contrôle l'action du Gouvernement.

Les moyens d'information et de contrôle du parlement sur l'action du Gouvernement sont :

- **L'interpellation ;**
- **La question orale ;**
- **La question écrite ;**
- **La question d'actualité ;**
- **L'audition en commission ;**
- **L'enquête parlementaire ;**
- **La motion de censure.**

Que dire de cette disposition ?

L'alinéa 1er de cet article cite les deux chambres qui composent le parlement, notamment l'Assemblée nationale et le Sénat.

L'alinéa 2 rappelle les deux (2) missions traditionnelles assignées au parlement : voter les lois et contrôler les activités du gouvernement.

Le dernier alinéa cite de long en large les moyens par lesquels le parlement exerce ses fonctions.

Article 108 : Les fonctions de député et de sénateur donnent droit au remboursement des frais de transport et au paiement des indemnités prises en charge par la dotation affectée par la loi de finances.

Qu'est-ce que cela signifie ?

Il y a lieu de relever dans cet article le traitement des parlementaires. Ils peuvent exercer des activités professionnelles compatibles avec leurs fonctions, dont les indemnités et les frais de transport sont inscrits dans le budget.

Article 109 : Les mandats de député et de sénateur peuvent être prolongés par la Cour constitutionnelle saisie par le président de la République, en cas de circonstances exceptionnellement graves empêchant le déroulement normal des élections.

Que retenir de cette disposition ?

Le député et le sénateur peuvent bénéficier du prolongement de leurs mandats respectifs par la Cour constitutionnelle, saisie seulement ou uniquement par le président de la République, lorsqu'il survient une circonstance grave[72] ne permettant pas l'organisation d'une élection dans une circonscription électorale.

Trois conditions sont indispensables pour le prolongement des mandats de député et de sénateur :

- Le prolongement est déclaré par la Cour constitutionnelle ;
- La Cour constitutionnelle saisie par le président de la République et ;
- Les circonstances graves.

Ces conditions sont cumulatives, et il suffit que l'une d'elles manque pour déclarer la requête irrecevable.

Article 110 : La loi détermine :

- **Les circonscriptions électorales ;**
- **Le nombre de sièges et leur répartition par circonscription administrative ;**
- **Le mode de scrutin ;**
- **Les conditions d'organisation de nouvelles élections en cas de vacance de siège, ainsi que le régime des inéligibilités ;**
- **Le statut des députés et des sénateurs.**

---

[72]-Tel est le cas des événements du 4 mars 2012 où les casernes militaires de Mpila avaient pris feu ayant entraîné la prorogation des mandats des députés des circonscriptions de cette zone lors des élections législatives.

Qu'est-ce que cela signifie ?

Ce texte renvoie à une loi organique relative à l'organisation des élections législatives et sénatoriales. Cette loi prend en compte les cinq (05) points prévus par cet article, entre autres les circonscriptions électorales, le nombre de sièges, le mode de scrutin.

Article 111 : Les candidats aux élections législatives ou sénatoriales sont présentés par les partis politiques ou par les groupements politiques.

Ils peuvent ainsi se présenter comme candidats indépendants.

Comment comprendre cette disposition ?

Cet article épingle la question relative aux conditions de présentation des candidats aux élections législatives et sénatoriales. En effet, pour participer à ces élections, les candidats sont présentés soit par des partis politiques, soit par des groupements politiques.[73]

Ces candidats peuvent aussi se présenter eux-mêmes, c'est-à-dire sans qu'ils ne soient présentés par un parti ou un groupement politique quelconque. En d'autres termes, ce texte donne trois (03) conditions aux personnes faisant acte de candidature aux élections législatives ou sénatoriales.

Article 112 : Les députés et les sénateurs perdent leur mandat s'ils font l'objet d'une condamnation à une peine infamante. En ce cas, la décision de condamnation est transmise par le procureur général près la Cour suprême, pour notification, au président de la chambre à laquelle appartient l'élu.

Un député ou un sénateur élu, présenté par un parti politique ou un groupement politique, qui démissionne du parti politique ou du groupement politique en cours de législature, perd sa qualité de député ou de sénateur.

---

[73]-Les groupements politiques sont des groupes de partis politiques partageant les mêmes opinions politiques.

Toute inéligibilité à la date des élections connues ultérieurement, de même que les incapacités prévues par la loi, entraînent la perte du mandat de député ou de sénateur.

Dans les trois cas, il est procédé à des élections partielles.

Que dire de ce texte ?

Il y a lieu de relever d'ores et déjà la déchéance parlementaire lorsqu'une décision de justice condamne un député ou un sénateur à une peine infamante. Celui-ci perd son mandat d'élu. Le procureur général près la Cour suprême est chargé de transmettre cette décision de justice aux présidents de l'Assemblée nationale ou du Sénat.

Perd sa qualité de député ou de sénateur celui qui est élu sous le label d'un parti politique ou d'un groupement politique, et sa démission du parti ou groupement politique intervient en cours de mandat.

Le but de cet avertissement est de stabiliser et de fidéliser les députés et les sénateurs, et d'éviter le vagabondage politique.

Un député ou un sénateur élu alors qu'il ne devait l'être à cause de son inéligibilité et des incapacités qui le frappent perd ses fonctions de député ou de sénateur.

Après les trois cas[74] qui viennent d'être énumérés, les élections partielles doivent être organisées uniquement à ces circonscriptions électorales.

Article 113 : la Cour constitutionnelle statue, en cas de contestation, sur la recevabilité des candidatures et sur la validité de l'élection des députés et des sénateurs.

Qu'est-ce que cela signifie ?

En tant que juge de l'élection, la Cour constitutionnelle contrôle la régularité du déroulement des opérations électorales. Si dans le cadre de la contestation d'une élection, elle peut être

---

[74]-Condamnation à une peine infamante, démission du parti politique ou du groupement politique en cours de mandat et inéligibilité et incapacités prévues par la loi.

conduite à se prononcer sur l'éligibilité des candidats, elle contrôle surtout la régularité du scrutin. Elle annule généralement l'élection en cas d'irrégularités graves lorsqu'il existe un faible écart de voix entre les candidats.

Article 114 : Le droit de vote des députés et des sénateurs est personnel. Le vote par procuration est autorisé.

Les règlements intérieurs de l'Assemblée nationale et du Sénat, déclarés conformes à la Constitution par la Cour constitutionnelle, fixent les conditions d'exercice du vote par procuration.

Que retenir de cet article ?

La Constitution prévoit le vote personnel des parlementaires. Autrement dit, les parlementaires participent eux-mêmes aux votes. Il leur est autorisé le vote par procuration, c'est-à-dire la possibilité leur est laissée de voter en lieu et place des collègues absents. Ce qui permet à des lois d'être votées par des majorités squelettiques tout en donnant l'impression que l'ensemble des parlementaires a participé au scrutin.

Les conditions du vote par procuration sont fixées par les règlements intérieurs des deux (02) chambres du parlement après leur conformité à la Constitution.

Article 115 : Les mandats des députés et des sénateurs commencent le deuxième mardi suivant leur élection. Chaque chambre du parlement se réunit de plein droit. Si cette réunion a lieu en dehors des périodes prévues pour les sessions ordinaires, une session extraordinaire est ouverte de plein droit pour une durée de quinze (15) jours.

Le mandat des députés prend fin à l'entrée en fonction de la nouvelle Assemblée nationale. Les élections ont lieu vingt (20) jours au moins, et cinquante (50) jours au plus, avant l'expiration du mandat des députés.

Le mandat des sénateurs prend fin à l'entrée en fonction du nouveau Sénat. Les élections ont lieu vingt (20) jours au moins, et cinquante (50) jours au plus, avant l'expiration du mandat des sénateurs.

Que dire de cette disposition ?

L'alinéa 1er de ce texte nous édifie sur le début des mandats des parlementaires et sur la tenue des sessions extraordinaires. En effet, lorsque les députés et les sénateurs sont élus, leurs mandats respectifs ne commencent que neuf (09) jours après leur élection, c'est-à-dire le deuxième mardi suivant leur élection. Le but est de laisser le temps aux nouveaux élus de préparer leur entrée en fonction.

A l'exception des sessions ordinaires prévues par les textes, une session extraordinaire peut être tenue et ne peut aller au-delà de quinze (15) jours. Il s'agit du délai ou de la limitation d'une session extraordinaire qui ne peut dépasser quinze (15) jours.

Les alinéas 2 et 3 de cette disposition nous édifient sur les fins des mandats des députés et des sénateurs et sur l'organisation des élections de ceux-ci. En effet, l'entrée en fonction de la nouvelle Assemblée nationale et du nouveau Sénat est conditionnée par la tenue des élections qui ont lieu vingt (20) jours au moins, et cinquante (50) jours au plus. Cette entrée en fonction des nouveaux parlementaires met fin aux mandats de leurs prédécesseurs. Il ressort de cet article du début et de la fin du mandat parlementaire.

Article 116 : Il ne peut être procédé à une élection partielle dans le dernier semestre de la législature.

Comment comprendre ce texte ?

Il est interdit d'organiser une élection partielle, dans une circonscription électorale, à six (06) mois de la fin d'un mandat parlementaire.

Article 117 : Chaque chambre du parlement se réunit de plein droit en trois sessions ordinaires par an sur convocation de son président :

- **La première session s'ouvre le 15 octobre et se termine le 23 décembre ;**
- **La deuxième session s'ouvre le 1er février et se termine le 10 avril ;**

- **La troisième session s'ouvre le 2 juin et se termine le 13 août.**

Si le 15 octobre, le 1er février ou le 2 juin est un jour férié, l'ouverture de la session a lieu le premier jour ouvrable qui suit.

Que retenir de ce texte ?

Cette disposition règle le calendrier relatif aux trois (03) sessions ordinaires par année que l'Assemblée nationale et le Sénat sont obligés de tenir sur convocation de leurs présidents. Elle détermine aussi les périodes de celles-ci.

Au cas où le jour de l'ouverture de la session est un jour férié[75], celle-ci a lieu le premier (1er) jour ouvrable suivant le jour férié.

Article 118 : L'ordre du jour de chaque session est fixé par la conférence des présidents.

Qu'est-ce que cela signifie ?

Cet article apporte une précision sur l'ordre du jour des sessions parlementaires prévues à l'article 117 de la présente Constitution.

Il appartient à la conférence des présidents[76] de programmer l'ensemble des questions inscrites à la séance de chacune des trois (03) sessions d'une Assemblée parlementaire. L'ordre du jour n'est pas l'apanage du président de chacune des deux (02) chambres parlementaires ou d'un président de commission, mais de tout le monde.

Article 119 : Chaque chambre du parlement est convoquée en session extraordinaire par son président sur un ordre du jour déterminé, à la demande du président de la République

---

75-Un jour férié est un jour où l'on ne peut travailler.

76-La conférence des présidents est un organisme parlementaire composé du président de l'Assemblée, des vice-présidents, des présidents de groupes, des présidents de commissions, du rapporteur général du budget et d'un membre du gouvernement dont le rôle est d'examiner.

ou de la majorité absolue de ses membres. La clôture intervient dès que la chambre a épuisé l'ordre du jour pour lequel elle a été convoquée et, au plus tard, quinze(15) jours à compter de la date du début de la session.

Que retenir de cette disposition ?

Il ressort de cette disposition la convocation d'une session extraordinaire par le président de l'Assemblée nationale ou celui du Sénat sur un ordre du jour déterminé par le président de la République ou la majorité absolue des membres de l'une ou l'autre chambre (Assemblée nationale ou Sénat). La session extraordinaire prend fin dans un délai qui ne peut dépasser quinze (15) jours, à compter de la date d'ouverture de la session par la chambre concernée. Trois (03) conditions sont relevées pour la tenue d'une session extraordinaire :

- Convocation d'une session extraordinaire par le président de la chambre concernée ;
- Un ordre du jour déterminé par le président de la République ou par la majorité absolue des parlementaires de la chambre concernée ;
- Un délai de quinze (15) jours.

Article 120 : l'Assemblée nationale et le Sénat sont dirigés chacun par un bureau qui comprend :

- **un président ;**
- **deux vice-présidents ;**
- **deux secrétaires ;**
- **deux questeurs.**

Comment comprendre cet article ?

A la lumière de cette disposition, il ressort que le bureau est un organe parlementaire qui comprend sept (07) membres. Autrement dit, cet article nous aide à comprendre la composition d'un bureau de l'Assemblée nationale ou celui du Sénat.

Le président est élu par l'assemblée concernée. Le président de l'Assemblée nationale pour la durée de la législature et le président du Sénat après chaque renouvellement partiel. Ils conduisent les travaux parlementaires.

Les vice-présidents suppléent le président dans la présidence des séances. Les questeurs sont chargés de l'administration de l'Assemblée et les secrétaires de la surveillance de la rédaction des procès-verbaux et du déroulement des scrutins.

Article 121 : Chaque chambre du parlement adopte un règlement intérieur qui détermine son fonctionnement, fixe la procédure législative et les modalités de contrôle de l'action gouvernementale.

Le règlement intérieur de chaque chambre du parlement, déclaré conforme à la Constitution par la Cour constitutionnelle, a force de loi organique.

Le président de l'Assemblée nationale ouvre et clôture les sessions ordinaires et extraordinaires de l'Assemblée nationale.

Le président du Sénat ouvre et clôture les sessions ordinaires et extraordinaires du Sénat.

Que signifie ce texte ?

A la simple lecture de cet article, il apparaît que le règlement intérieur de chaque assemblée est la charte qui régit son organisation et ses travaux. Il est adopté librement par les assemblées dans le respect de la Constitution.

Le règlement intérieur de l'Assemblée nationale ou celui du Sénat a un caractère de loi organique[77] après que la Cour constitutionnelle a déclaré sa conformité à la Constitution.

Les deux (02) derniers alinéas donnent les pouvoirs aux présidents de l'Assemblée nationale et du Sénat d'ouvrir et de clôturer les sessions. Cela signifie qu'ils ne peuvent déléguer ce pouvoir à aucun autre membre du bureau, encore moins de la chambre concernée.

---

[77]-La loi organique est une loi votée par le parlement pour préciser ou compléter les dispositions de la Constitution.

Article 122 : Les séances de chaque chambre du parlement sont publiques.

Le compte rendu intégral des débats est publié au journal des débats. Toutefois, l'Assemblée nationale ou le Sénat peut siéger à huis clos, à la demande du président de la République, du président de chaque chambre ou d'un tiers de ses membres.

Que dire de cet article ?

Les séances de l'Assemblée nationale ou du Sénat se tiennent en présence des personnes, qui assistent. Autrement dit, les sessions parlementaires ne sont pas interdites au public. Le public est libre d'y assister, car il s'agit de la publicité des débats parlementaires.

L'alinéa 2 de cet article règle deux points précis : le nom du document dans lequel est publiée l'intégralité ou la totalité des séances des deux (02) chambres du parlement, à savoir le « journal des débats » et les autorités susceptibles de demander le huis clos des débats parlementaires, notamment le président de la République, les présidents de l'Assemblée nationale et du Sénat ou d'un tiers (1/3) de ses membres. Cet alinéa est dans le sillage de la publicité ou non des débats parlementaires.

Article 123 : En cas de vacance de la présidence de l'Assemblée nationale ou du Sénat, par décès, démission ou toute autre cause, la chambre concernée élit un nouveau président dans les quinze (15) jours suivant la vacance si elle est en session ; dans le cas contraire, elle se réunit de plein droit dans les conditions fixées par le règlement intérieur.

En cas de nécessité, il est pourvu au remplacement des autres membres du bureau conformément aux dispositions du règlement intérieur de chaque chambre.

Qu'est-ce que cela veut dire ?

Cette disposition nous donne le délai de la tenue de l'élection du président de l'Assemblée nationale ou celui du Sénat en cas de vacance. En effet, lorsque l'Assemblée nationale ou le Sénat est en session et qu'intervient le décès, la démission ou un autre cas d'empêchement définitif de son président, la chambre concernée organise l'élection du président de celle-ci dans un délai de quinze (15) jours à compter de la date de la constatation par la Cour constitutionnelle de la vacance si elle est en session ; dans le cas contraire, elle se réunit conformément à son règlement intérieur.

En cas de besoin, les autres membres composant le bureau de l'Assemblée nationale ou celui du Sénat peuvent être remplacés conformément au règlement intérieur de la chambre concernée.

Article 124 : Le parlement vote seul la loi.

Il consent l'impôt, vote le budget de l'Etat et en contrôle l'exécution. Il est saisi du projet de loi de finances dès l'ouverture de la session d'octobre.

Comment comprendre ce texte ?

Le pouvoir de voter la loi n'est reconnu qu'à l'Assemblée nationale et au Sénat; aucune autre institution ne peut s'attribuer ce pouvoir de voter la loi.

Le projet de loi de finances qui s'ouvre au mois d'octobre permet à l'Assemblée nationale et au Sénat de voter le budget de l'Etat et contrôle l'exécution de celui-ci par les moyens[78] mis à sa disposition.

Article 125 : Sont du domaine de la loi :

- **La citoyenneté, les droits civiques et l'exercice des libertés publiques ;**
- **Les sujétions imposées aux citoyens, en leurs biens et en leurs personnes, dans l'intérêt de la défense nationale et de la sécurité publique ;**
- **La nationalité, l'état et la capacité des personnes, les régimes matrimoniaux, les successions et les libéralités ;**
- **La détermination des crimes, des délits et des contraventions ainsi que des peines qui leur sont applicables ;**

---

[78]-Article 107 de la Constitution du 25 octobre 2015.

- L'organisation de la justice et de la procédure suivie devant les juridictions, le statut de la magistrature et le régime juridique du conseil supérieur de la magistrature ;
- L'organisation et les règles de fonctionnement concernant les officiers ministériels et les professions libérales ;
- L'assiette, le taux et les modalités de recouvrement des impositions de toute nature, les emprunts et les engagements financiers de l'Etat ;
- Le régime d'émission de la monnaie ;
- L'approbation des contrats de partage de production des hydrocarbures liquides ou gazeux ou des autres ressources minières.

La loi fixe également les règles concernant :
- La réforme de l'Etat ;
- La création des établissements publics ;
- Le régime des consultations référendaires ;
- Les découpages électoraux ;
- L'amnistie ;
- Le statut général de la fonction publique ;
- L'organisation administrative du territoire ;
- La libre administration des collectivités locales, leurs compétences et leurs ressources ;
- L'aménagement du territoire ;
- Le droit du travail, le droit syndical et les régimes de sécurité sociale ;
- Les nationalisations et les privatisations des entreprises ;
- Le plan de développement économique et social ;
- L'environnement et la conservation des ressources naturelles et le développement durable ;
- Le régime de la propriété, des droits réels et des obligations civiles et commerciales ;
- Le régime des partis politiques, des associations et des organisations non gouvernementales ;
- L'autorisation de ratification des traités et accords internationaux ;

- **L'organisation de la défense et de la sécurité nationales ;**
- **Le régime domanial et foncier ;**
- **Le régime des ressources naturelles ;**
- **La mutualité, l'épargne et le crédit ;**
- **Le droit et le régime des transports ;**
- **Le droit et le régime des communications et de l'information ;**
- **Le droit et le régime pénitentiaires ;**
- **Les lois de finances ;**
- **Les lois de programme qui fixent les objectifs de l'action économique et sociale de l'Etat, l'organisation des activités productives de l'Etat et les grandes orientations de la défense et de la sécurité nationales.**

La loi détermine en outre les principes fondamentaux de :
- **L'enseignement ;**
- **La santé ;**
- **L'action sociale ;**
- **La science, la technologie et l'innovation ;**
- **L'industrie ;**
- **Le commerce ;**
- **Les télécommunications ;**
- **L'électricité ;**
- **L'eau ;**
- **La culture, les arts et les sports ;**
- **L'agriculture, l'élevage, la pêche et les eaux et forêts.**

Comment comprendre ce long texte ?

Cette disposition énumère limitativement toutes les matières réservées au parlement. Autrement dit, les matières citées ci-dessus relèvent de la compétence exclusive du parlement, c'est-à-dire de la loi. Aucune autre institution ne peut prendre un texte dans ces matières. Elle évite l'immixtion de l'exécutif dans le législatif, et vice-versa. Il s'agit là d'un domaine d'intervention du législateur.

Article 126 : Les matières autres que celles qui sont du domaine de la loi ont un caractère réglementaire.

Qu'est-ce que cela veut dire ?

Les matières qui ne sont pas énumérées dans le domaine de la loi (article 125) sont du domaine du règlement[79]. Autrement dit, cet article reconnaît l'existence d'un pouvoir réglementaire autonome au profit du gouvernement.

Article 127 : L'Assemblée nationale et le Sénat peuvent se réunir en congrès sur convocation du président de la République.

Lorsque le parlement se réunit en congrès, le bureau de l'Assemblée nationale préside les débats.

Un règlement intérieur détermine l'organisation et le fonctionnement du parlement réuni en congrès.

Que retenir de ce texte ?

Le président de la République est la seule autorité à convoquer l'Assemblée nationale et le Sénat à se réunir.[80] La réunion de l'Assemblée nationale et du Sénat est présidée par le bureau de la première, c'est-à-dire l'Assemblée nationale.[81]

Il existe un règlement intérieur déterminant l'organisation et le fonctionnement du parlement réuni en congrès.

---

[79]-Acte de portée générale et impersonnelle édicté par les autorités exécutives compétentes.

[80]-En décembre 2015, les deux (02) chambres étaient réunies.

[81]-Idem.

SOUS-TITRE II :
DE L'ASSEMBLEE NATIONALE

Article 128 : Les membres de l'Assemblée nationale portent le titre de député. Ils sont élus au suffrage universel direct. Chaque député élu dans une circonscription électorale est le représentant de la Nation tout entière.

Tout mandat impératif est nul.

Chaque député est élu avec un suppléant.

Que signifie ce texte ?

Cette disposition attribue un titre aux membres de l'Assemblée nationale : ces membres portent le nom de « députés ». Les députés sont élus par le peuple lui-même, et non désignés ou nommés. Un député élu, lorsqu'il siège au parlement, ne représente plus sa circonscription électorale, mais la nation congolaise tout entière.[82]

Il est nul le mandat où le député se conforme aux directives de ses électeurs et peut être révoqué par eux.

Le député n'est élu qu'avec un suppléant, c'est-à-dire une personne qui le remplace en cas de besoin. Il ne peut être élu seul. Ils sont élus tous deux (02) ensemble et au même moment.

Article 129 : La durée du mandat des députés est de cinq (5) ans renouvelables.

Comment comprendre ce texte ?

Cet article nous renseigne sur la durée du mandat des députés. En effet, les députés sont élus pour un mandat de cinq (05) ans renouvelable, c'est-à-dire qu'il est prolongé une fois arrivé à terme. Le renouvellement du mandat des députés est illimité ; le député peut le renouveler autant de fois qu'il veut.

---

[82]-Un député élu dans une circonscription de Ouenzé ou de Bacongo ne représente plus cette circonscription, mais la nation toute entière.

Article 130 : Aucun député ne peut être poursuivi, ni recherché, ni détenu ou jugé, pour des opinions ou votes émis par lui dans l'exercice de ses fonctions.

Aucun député ne peut, pendant la durée des sessions, être poursuivi ou arrêté sans l'autorisation de l'Assemblée nationale, sauf cas de crime ou de délit flagrant, de poursuites autorisées ou de condamnation définitive.

Aucun député ne peut, hors session, être poursuivi ou arrêté sans l'autorisation du bureau de l'Assemblée nationale, sauf cas de crime ou délit flagrant, de poursuites autorisées ou de condamnation définitive.

Que dire de ce texte ?

Cette disposition traite de la question relative aux immunités[83] des membres de l'Assemblée nationale, c'est-à-dire des députés. L'immunité des députés entraîne, ou bien se traduit par une irresponsabilité qui soustrait les députés à toutes poursuites judiciaires pour des actes commis dans l'exercice de leurs fonctions. Cela veut dire que l'immunité ou l'irresponsabilité a un caractère absolu, en ce sens qu'elle fait échec aux poursuites pénales, civiles ou disciplinaires. Il est impossible de procéder à la levée de l'immunité d'un député. Il suit de là que l'immunité ou l'irresponsabilité assure au député une protection totale. Rappelons qu'elle est permanente, définitive. Pour cela, elle continue de couvrir le député bénéficiaire. La couverture continue son cours, même au terme de son mandat, pour des actes et opinions qui ont été émises dans l'exercice de ses fonctions.

L'immunité parlementaire est cantonnée aux opinions ou discours prononcés à la tribune de l'Assemblée nationale ou votes émis par le député dans l'exercice de ses fonctions. Que faut-il entendre par exercice de la fonction de député ? Elle doit être entendue au sens large et inclut les séances plénières, mais aussi les réunions de commissions, de groupes et les missions à

[83]-Les immunités sont des prérogatives qui mettent les parlementaires à l'abri des poursuites judiciaires, en vue d'assurer le libre exercice de leur mandat.

l'extérieur. On doit se garder d'étendre l'immunité des députés ou irresponsabilité aux :

- propos que le député tient à titre privé, quand bien même ils sont prononcés dans l'enceinte de l'Assemblée nationale ;
- opinions, orales ou écrites, dans la mesure où elles sont émises en dehors de l'Assemblée nationale, en réunions publiques.

Les alinéas 2 et 3 interdisent de poursuivre ou d'arrêter un député pendant ou en dehors des périodes des sessions parlementaires si ce n'est avec l'accord préalable et exprès des membres de l'Assemblée nationale ou ceux du bureau de celle-ci, en dehors des crimes ou délits flagrants, des poursuites autorisées par cette même chambre ou d'une condamnation définitive émanant d'une décision de justice.[84]

Article 131 : Le mandat de député est incompatible avec toute autre fonction à caractère public. Les autres incompatibilités sont fixées par la loi.

En cas d'incompatibilité, le député est remplacé par son suppléant. Il retrouve de plein droit son siège à la fin de l'incompatibilité.

Qu'est-ce que cela signifie ?

Cette disposition traite de la question relative aux incompatibilités. Autrement dit, un député ne peut, pendant que son mandat est en cours, exercer ou occuper un autre emploi interdit, notamment membre du gouvernement, de la Cour constitutionnelle, etc.

Lorsqu'un député est nommé à une fonction publique, notamment ministérielle, son siège à l'hémicycle est occupé par

[84]-Le 19 janvier 2017, l'immunité parlementaire du député de Lékana, André Okombi Salissa, a été levée à la suite d'une session extraordinaire de l'Assemblée nationale. C'est pour la première fois que cela s'est produit au Congo.

son suppléant.[85] Il regagne son siège à l'Assemblée nationale lorsqu'il n'est plus membre du gouvernement.

Article 132 : Les candidats aux élections à l'Assemblée nationale doivent :

- **être de nationalité congolaise ;**
- **être âgé de dix-huit (18) ans au moins ;**
- **résider sur le territoire national au moment de la présentation des candidatures ;**
- **jouir de tous leurs droits civils et politiques ;**
- **ne pas avoir été condamnés pour crimes ou délits volontaires.**

Comment comprendre ce texte ?

Ce texte énumère les conditions permettant à un citoyen congolais de faire acte de candidature aux élections législatives, pour devenir député. Ces conditions sont cumulatives et non alternatives. Autrement dit, au cas où un citoyen ne remplit pas toutes ces conditions, sa candidature ne peut être validée. Tel est le cas d'un citoyen âgé de dix-sept (17) ans qui ne peut être candidat aux élections législatives, car il n'a pas atteint dix-huit (18) ans d'âge requis.

---

[85]-Un suppléant est une personne élue en même temps qu'un parlementaire qu'il est appelé à remplacer dans certains cas de vacance du siège : décès, désignation du parlementaire comme membre du gouvernement ou du Conseil constitutionnel.

SOUS-TITRE III :
DU SENAT

Article 133 : Les membres du Sénat portent le titre de sénateur. Ils sont élus au suffrage universel indirect par les conseillers départementaux et municipaux.

Les sénateurs représentent les collectivités locales de la République.

Le Sénat exerce, outre sa fonction législative, celle de modérateur et de conseil de la Nation.

Que retenir de ce texte ?

Ce texte attribue un titre aux membres du Sénat, appelés « sénateurs », la manière dont ils sont élus et les personnes chargées de le faire.

Les deux (02) derniers alinéas énumèrent le rôle et les fonctions des sénateurs, notamment celle de représenter les collectivités locales et celle de modérateur et de conseil de la nation.

Article 134 : La durée du mandat des sénateurs est de six (6) ans renouvelable.

Qu'est-ce que cela signifie ?

Cette disposition nous édifie sur la durée du mandat des sénateurs. Le mandat des sénateurs est de six (6) ans renouvelable. Que signifie l'adjectif renouvelable ? Renouvelable veut dire ce qui peut être renouvelé. Renouveler signifie refaire, recommencer. Cela signifie que le mandat d'un sénateur, après six (6) années d'exercice, peut être renouvelé plusieurs fois, sans limite.

Article 135 : Aucun membre du Sénat ne peut être poursuivi, ni recherché, ni détenu ou jugé, pour des opinions ou votes émis par lui dans l'exercice de ses fonctions.

Aucun sénateur ne peut, pendant la durée des sessions, être poursuivi ou arrêté sans l'autorisation du Sénat, sauf

cas de crime ou de délit flagrant, de poursuites autorisées ou de condamnation définitive.

Aucun sénateur ne peut, hors session, être poursuivi ou arrêté sans l'autorisation du bureau du Sénat, sauf cas de crime ou délit flagrant, de poursuites autorisées ou de condamnation définitive.

Comment comprendre ce texte ?

Cette disposition traite de la question relative aux immunités des membres du Sénat. L'immunité sénatoriale entraîne, ou bien se traduit par une irresponsabilité qui soustrait les sénateurs à toutes poursuites judiciaires pour des actes commis dans l'exercice de leurs fonctions. Cela veut dire que l'immunité ou l'irresponsabilité a un caractère absolu, en ce sens qu'elle fait échec aux poursuites pénales, civiles ou disciplinaires. Il est impossible de procéder à la levée de l'immunité sénatoriale. Il suit de là que l'immunité ou l'irresponsabilité assure au sénateur une protection totale. Rappelons qu'elle est permanente, définitive. Pour cela, elle continue de couvrir le sénateur bénéficiaire. La couverture continue son cours, même au terme de son mandat, pour des actes et opinions qui ont été émis dans l'exercice de ses fonctions. L'immunité parlementaire est cantonnée aux opinions ou discours prononcés à la tribune du Sénat ou votes émis par le sénateur, dans l'exercice de ses fonctions. Que faut-il entendre de l'exercice de la fonction des sénateurs ? Cela doit être entendu au sens large et inclut les séances plénières, mais aussi les réunions de commissions, de groupes et les missions à l'extérieur.

On doit se garder d'étendre l'immunité des sénateurs ou irresponsabilités aux :

- propos que le sénateur tient à titre privé, quand bien même ils sont prononcés dans l'enceinte du Sénat ;
- opinions, orales ou écrites, dans la mesure où elles sont émises en dehors de l'Assemblée nationale, en réunions publiques.

Les alinéas 2 et 3 interdisent de poursuivre ou d'arrêter un sénateur pendant ou en dehors des périodes des sessions parlementaires si ce n'est avec l'accord préalable et exprès des membres du Sénat ou ceux du bureau du Sénat, en dehors des crimes ou délits flagrants, des poursuites autorisées par le Sénat ou d'une condamnation définitive émanant d'une décision de justice.

Article 136 : Le mandat de sénateur est incompatible avec toute autre fonction à caractère public. Les autres incompatibilités sont fixées par la loi.

En cas d'incompatibilité survenue en cours de mandat, il est procédé à une élection sénatoriale partielle pour pourvoir le siège devenu vacant.

Que dire de ce texte ?

Ce texte traite de la question de l'incompatibilité. Il fait obstacle au cumul des responsabilités d'un sénateur. Autrement dit, un sénateur ne peut, pendant que son mandat est en cours, exercer ou occuper une autre fonction publique.[86] Il ne peut être membre du gouvernement ou d'une autre institution. Lorsqu'un sénateur occupe une autre fonction publique, étant donné qu'il ne peut en exercer deux ou plusieurs au même moment, une nouvelle élection sénatoriale doit avoir lieu uniquement en sa circonscription en vue de permettre à un autre citoyen d'occuper son siège devenu vacant.

Que faut-il entendre par « un siège devenu vacant » ? C'est la situation d'une fonction, d'un poste momentanément sans titulaire. En d'autres termes, c'est un poste qu'un sénateur appelé à une fonction publique ne peut plus occuper. Il doit donc être remplacé à ce poste.

Article 137 : Les candidats aux élections sénatoriales doivent :

- **être de nationalité congolaise ;**
- **être âgés de quarante-cinq (45) ans au moins ;**
- **résider sur le territoire national au moment de la présentation des candidatures ;**

---

[86]-Les fonctions publiques sont : membre du gouvernement, membre à la Cour constitutionnelle, membre du conseil économique et social, directeur général…

- **jouir de tous leurs droits civils et politiques ;**
- **ne pas avoir été condamnés pour crimes ou délits volontaires.**

Que signifie ce texte ?

Cet article énumère les conditions permettant à un citoyen congolais de faire acte de candidature aux élections sénatoriales, en vue de devenir sénateur. Ces conditions sont cumulatives et non alternatives. Autrement dit, au cas où un citoyen ne remplit pas toutes ces conditions, il ne peut être candidat, car sa candidature ne peut être validée. Tel est le cas d'un citoyen qui a déjà été condamné par la justice pour crime ou délit volontaire ou âgé de moins de quarante-cinq (45) ans.

TITRE VI : DES RAPPORTS ENTRE LE POUVOIR EXECUTIF ET LE POUVOIR LEGISLATIF

Article 138 : Le président de la République peut dissoudre l'Assemblée nationale.

Qu'est-ce que cela signifie ?

Par la dissolution, le président de la République met fin au mandat de l'Assemblée nationale et provoque de nouvelles élections. Elle est un pouvoir discrétionnaire du président et peut être prononcée à tout moment. La seule prohibition, pour éviter des dissolutions à répétition, ne peut avoir lieu dans l'année qui suit une dissolution. Les conditions de forme sont très simples puisqu'il suffit d'une consultation du Premier ministre et des présidents de l'Assemblée nationale et du Sénat.

L'Assemblée nationale vit donc en permanence sous l'épée de Damoclès de la dissolution. Cette dernière apparaît de ce fait comme une arme de dissuasion de nature à maintenir la stabilité ministérielle. Prendre l'initiative de renverser le gouvernement, c'est courir le risque de se voir renvoyé devant les électeurs.

Article 139 : L'Assemblée nationale peut, par le vote d'une motion de censure, renverser le Gouvernement.

Comment comprendre ce texte ?

La motion de censure est une procédure par laquelle une assemblée parlementaire met en jeu la responsabilité politique du gouvernement par un blâme motivé à l'adresse de ce dernier.

Le vote d'une motion de censure entraîne la démission forcée du gouvernement. En régime parlementaire rationalisé, la censure obéit à des règles précises concernant sa recevabilité, sa discussion et son vote.

Pour permettre la réflexion, le vote ne peut avoir lieu qu'après un délai de 48 heures. Lors du scrutin, seules sont décomptées les voix favorables à la censure. Comme la motion doit être adoptée à la majorité absolue des membres composant l'Assemblée, cette règle de décompte des votes signifie que les abstentions comptent en fait comme des voix favorables au gouvernement.

Le résultat du scrutin permet donc de savoir si le gouvernement a une majorité absolue contre lui, il ne permet pas, par contre, de savoir s'il dispose d'une majorité en sa faveur.

La procédure de la motion de censure est utilisée par l'opposition qui y voit plus, compte tenu de l'existence d'une majorité parlementaire stable, le moyen de provoquer un débat général sur la politique gouvernementale que celui de renverser le gouvernement.[87]

Article 140 : Chaque chambre du parlement arrête l'ordre du jour de ses sessions.

Le président de chaque chambre en informe le Gouvernement.

Qu'est-ce que cela signifie ?

L'ordre du jour fixé par l'Assemblée nationale ou le Sénat accorde au parlement une marge de liberté et permet l'examen de certaines propositions parlementaires.

Ce texte donne largement aux assemblées la maîtrise de leur ordre du jour. Deux semaines par mois sont réservées par priorité aux textes dont le gouvernement demande l'inscription à l'ordre du jour. Cependant, le gouvernement peut toujours bénéficier de la priorité pour les lois de finances, le financement de la sécurité sociale… L'Assemblée a la maîtrise de son ordre du jour pour les semaines restantes, mais une semaine sur quatre doit être consacrée en priorité au contrôle de l'action du gouvernement et à l'évaluation des politiques publiques. Le parlement a une maîtrise de son ordre du jour sans pour autant qu'il puisse être fait obstacle aux projets gouvernementaux.

Le président de chaque chambre informe le gouvernement de l'ordre du jour de la séance parlementaire.

---

[87]-Jean-Paul Jacqué, op.cit., p. 234.

Article 141 : Le Premier ministre et les autres membres du Gouvernement ont accès aux travaux de l'Assemblée nationale et du Sénat ainsi qu'à ceux de leurs commissions.

Lorsqu'ils sont invités par l'une ou l'autre chambre du parlement, le Premier ministre et les autres membres du Gouvernement ont l'obligation d'assister aux séances de la chambre qui en a fait la demande et de fournir aux parlementaires toutes explications en rapport avec leurs activités.

Le premier ministre et les autres membres du Gouvernement peuvent être entendus sur leur demande. Ils peuvent être également entendus sur interpellation, sur des questions écrites ou orales qui leur sont adressées.

Comment comprendre ce texte ?

Il est donné au Premier ministre et aux ministres la possibilité d'assister aux travaux de l'Assemblée nationale et du Sénat et à leurs commissions.[88] Qu'entendons-nous par commission ? La commission parlementaire, spécialisée dans un domaine, est chargée d'assurer la préparation des décisions des assemblées (commission permanente) ou d'instruire une question particulière (commission spéciale).

Le Premier ministre et les ministres, lorsqu'ils sont invités par l'Assemblée nationale ou le Sénat, ont l'obligation de fournir toutes les informations utiles relatives au fonctionnement de leurs structures respectives. Le non-respect de cette obligation constitue un frein au fonctionnement régulier des institutions de la République et au droit à l'information des parlementaires et du peuple.

Le dernier alinéa nous énumère les moyens par lesquels le Premier ministre et les ministres peuvent être entendus : sur leur propre demande, sur interpellation, sur des questions écrites ou orales qui leur sont adressées.

---

[88]-Commissions parlementaires : commission affaires étrangères et juridiques, commission économique et finances…

Article 142 : Le parlement contrôle l'action du Gouvernement.

Que retenir de ce texte ?

Le parlementaire dispose d'une gamme traditionnelle de moyens pour s'informer sur la politique gouvernementale.

Le gouvernement doit fournir toutes les explications qui lui sont demandées par le parlement sur ses activités.[89]

Si le contrôle parlementaire est légitime et doit être facilité, il ne saurait aboutir à une mise sous tutelle du gouvernement.

Ainsi, la Constitution[90] prévoit des moyens de contrôle classiques sur l'exécutif.

Article 143 : L'initiative des lois appartient concurremment au Gouvernement et aux membres du parlement.

Que dire de ce texte ?

L'initiative des lois appartient aux parlementaires (propositions de loi) et au Premier ministre (projets de loi). Autrement dit, le gouvernement et les membres du parlement sont tous deux compétents pour élaborer des lois. Autrement dit encore, l'initiative des lois n'est l'apanage ni de l'un, ni de l'autre, mais des deux pouvoirs respectifs (gouvernement et parlement).

Article 144 : Les projets de loi sont délibérés en conseil des ministres après avis de la Cour suprême et transmis à l'une ou l'autre chambre du parlement.

Les propositions de loi sont, avant délibération et vote, communiquées pour information au Premier ministre.

Qu'est-ce que cela veut dire ?

Les projets de loi initiés par le gouvernement ne peuvent être transmis à l'Assemblée nationale ou au Sénat qu'après que la Cour suprême, la plus haute juridiction du Congo, a donné

---

[89]-P. Moudoudou, J. P. Markus, *Droit des institutions administratives congolaises*, l'Harmattan, 2005, p. 156.

[90]-Article 107 de la Constitution du 25 octobre 2015.

son avis[91], c'est-à-dire son point de vue. L'avis de la Cour suprême est-il obligatoire ou facultatif ? Autrement dit, le gouvernement est-il lié par l'avis de la Cour suprême ? L'avis de la Cour suprême lie le gouvernement. Au moment de donner son avis, la Cour suprême peut apporter des amendements, des ajustements au projet de loi. L'avis de la Cour suprême n'est pas une simple formalité et la Cour constitutionnelle peut déclarer inconstitutionnel l'ajout par le gouvernement à un projet de loi d'une disposition qui n'avait pas été soumise auparavant à l'examen à la Cour suprême.

Le Premier ministre, chef du gouvernement, est informé, avant discussion et vote, des propositions de loi émanant d'un député ou d'un sénateur. Pourquoi le Premier ministre est-il informé des propositions de loi ? Cette information est-elle obligatoire ? Le Premier ministre est informé non seulement pour prouver la prépondérance de l'exécutif sur le législatif, mais également et certainement pour amender ces propositions de loi. A la lecture de cet alinéa, il nous paraît certain qu'il est obligatoire d'informer le gouvernement des propositions de loi. Le non-respect de cette disposition constitue un vice de procédure. Aucune sanction n'est prévue toutefois.

Article 145 : Les propositions de loi et les amendements déposés par les membres du parlement et tendant à augmenter ou à diminuer les dépenses de l'Etat doivent être assortis de propositions dégageant les recettes ou les économies correspondantes.

Comment comprendre ce texte ?

Les propositions de loi et les amendements concernant l'augmentation ou la diminution des charges de l'Etat doivent

---

[91]-Avis : terme juridique s'appliquant dans toutes les branches du droit au résultat des consultations, facultatives ou obligatoires selon le cas, demandées aux organes les plus divers (Cour suprême, personnes ou commissions, etc.). Ces consultations n'ont que rarement un caractère obligatoire dans leur contenu : on dit alors qu'une « décision sera prise sur avis conforme de… ».

tenir compte également des recettes ou des économies correspondantes.

Article 146 : Les projets, les propositions de loi et amendements qui ne sont pas du domaine de la loi, sont irrecevables. L'irrecevabilité est prononcée par le président de la chambre intéressée, après délibération du bureau.

En cas de contestation, la Cour constitutionnelle, saisie par le Premier ministre ou par le président de la chambre intéressée, statue dans un délai de quinze (15) jours.

Que dire de ce texte ?

Cette disposition se situe dans la perspective d'une rationalisation du travail législatif. En effet, ce texte nous évoque l'irrecevabilité des projets, des propositions de loi et des amendements qui ne relèvent pas du domaine de la loi. La procédure d'examen de cette irrecevabilité est réglée par chaque chambre intéressée et prononcée par son président. Que signifie irrecevabilité ? Ce mot signifie que tous les actes pris par les membres du gouvernement et du parlement ne peuvent être reçus et discutés par ces derniers. Il revient donc au président de l'Assemblée nationale ou du Sénat de prononcer la sanction qui n'est autre que l'irrecevabilité, relative au vice de procédure.

Le dernier alinéa du présent texte nous cite les personnalités susceptibles de saisir la Cour constitutionnelle en cas de désaccord, notamment le Premier ministre ou le président de l'Assemblée nationale ou celui du Sénat, et le délai auquel cette juridiction rend sa décision dans les quinze (15) jours suivant sa saisine.

La décision de la Cour constitutionnelle ne peut intervenir au-delà de quinze (15) jours ; elle serait inconstitutionnelle. Il est de même des autorités de saisine.

Article 147 : La discussion des projets de loi porte, devant la première chambre saisie, sur le texte présenté par le Gouvernement.

Une chambre, saisie d'un texte voté par l'autre chambre, délibère sur le texte qui lui a été transmis par celle-ci.

Qu'est-ce que cela signifie ?

Cette disposition veut simplement dire que l'Assemblée nationale ou le Sénat, lorsqu'il est saisi des projets de loi, ne discute que sur un texte émanant du gouvernement, pas autre chose.

Lorsqu'un texte est voté par l'Assemblée nationale ou par le Sénat, le même texte doit faire l'objet d'un second vote par l'une des deux (02) chambres susvisées du parlement. Ce principe sacro-saint existe dans un parlement bicaméral, et l'une ou l'autre chambre du parlement ne peut délibérer sur un texte contraire au premier. Peu importe les amendements qu'elle peut apporter, l'une ou l'autre chambre du parlement délibère toujours sur un texte qui a été précédemment voté.

Article 148 : Les projets et les propositions de loi sont envoyés à l'une des commissions permanentes que comporte chaque chambre du parlement.

Les projets et les propositions de loi peuvent, à la demande du Gouvernement ou de la chambre qui en est saisie, être envoyés, pour examen, à des commissions spécialement désignées à cet effet.

Le nombre et la nature des commissions permanentes sont déterminés par le règlement intérieur de chaque chambre du parlement.

Les commissions permanentes sont constituées de manière à refléter, autant que possible, la configuration politique de chaque chambre du parlement.

Comment comprendre ce texte ?

Les commissions permanentes sont chargées de l'examen des projets et propositions de loi. Elles sont les organes de travail des assemblées. Lorsque les projets et les propositions de loi sont élaborés, ils sont envoyés soit aux commissions permanentes de l'Assemblée nationale, soit aux commissions permanentes du Sénat. Ils ne peuvent faire l'objet d'envoi devant les commissions permanentes des deux (02) chambres du parlement au même moment.

En résumé, ce texte nous édifie sur la procédure de saisine des commissions permanentes des assemblées.

Les commissions spéciales sont constituées pour examiner un projet ou une proposition spécifique à la demande du gouvernement ou de l'Assemblée saisie du texte. Autrement dit, la saisie de commissions spéciales n'est pas obligatoire. Elle dépend du gouvernement ou de l'Assemblée concernée si elle le veut.

Le règlement intérieur de l'Assemblée nationale et celui du Sénat précisent le nombre et la nature des commissions permanentes. Autrement dit, la détermination du nombre et de la nature des commissions permanentes est laissée à la discrétion de chaque chambre du parlement par le biais de leur règlement intérieur respectif. Un parlementaire ne peut siéger dans deux (02) commissions.

Les commissions permanentes ne peuvent être le fruit du hasard. Elles doivent tenir compte de la configuration politique de l'Assemblée nationale et du Sénat. Que signifie refléter la configuration politique de chaque chambre du parlement ? Refléter la configuration politique signifie que la formation de ces commissions permanentes obéit aux partis politiques de ceux qui les composent. Autrement dit, la répartition des parlementaires entre les commissions permanentes est effectuée à la proportionnelle des groupes politiques. Un parlementaire ne peut siéger dans deux (02) commissions permanentes. Les commissions permanentes ne siègent en public que lorsqu'elles procèdent à des auditions.

Article 149 : Le Gouvernement et les membres du parlement ont le droit d'amendement.

Tout projet de loi, toute proposition de loi, présenté devant l'une ou l'autre chambre du parlement, peut faire l'objet d'un retrait au cours des débats ou avant l'ouverture de ceux-ci.

Comment interpréter ce texte ?

Il est reconnu le droit d'amendement aux ministres, aux députés et aux sénateurs. Une question pertinente mérite d'être posée. Qu'est-ce qu'on entend par droit d'amendement ? Le droit d'amendement est une modification apportée par le gouvernement et les parlementaires à un texte de loi. Lorsqu'il s'agit d'un projet de loi, les parlementaires peuvent l'amender ; inversement, lorsqu'il s'agit d'une proposition de loi, le gouvernement peut aussi l'amender. L'amendement ne doit pas être dépourvu de tout lien avec le texte à l'examen. Pendant ou avant l'ouverture des débats par le président de l'Assemblée nationale ou celui du Sénat, tout projet ou toute proposition de loi peut être retirée de ceux-ci pour ne pas être examinée par les parlementaires. La possibilité de retirer tout projet ou proposition de loi se justifie par le fait que ce texte de loi ne convainc les parlementaires ou il est mal rédigé. C'est une possibilité reconnue à l'auteur de ce texte de loi de le retirer sans difficulté, quand bien même il est en examen.

Article 150 : Tout projet ou toute proposition de loi est examiné, successivement, par les deux chambres en vue de l'adoption d'un texte identique.

Lorsque, par la suite d'un désaccord entre les deux chambres, un projet ou une proposition de loi n'a pu être adopté après une lecture par chaque chambre, le Premier ministre a la faculté de provoquer la réunion d'une commission mixte paritaire chargée de proposer un texte sur les dispositions restant en discussion.

Le texte élaboré par la commission mixte paritaire est soumis, par le Premier ministre, pour approbation aux deux chambres du parlement. Aucun amendement n'est recevable, sauf accord du Gouvernement.

Si la commission mixte paritaire ne parvient pas à l'adoption d'un texte commun, le Premier ministre, après une nouvelle lecture par l'Assemblée nationale et le Sénat, demande à l'Assemblée nationale de statuer définitivement.

Dans ce cas, l'Assemblée nationale peut reprendre soit le texte élaboré par la commission mixte paritaire, soit le dernier texte voté par elle, modifié, le cas échéant, par un ou plusieurs amendements adoptés par le Sénat.

Qu'est-ce que cela signifie ?

Pour voter une loi, le projet ou la proposition de loi est examinée et étudiée, tour à tour par l'Assemblée nationale et le Sénat, en vue de l'adoption d'un texte identique.

En d'autres termes, les deux (02) chambres ne peuvent voter un texte de loi au contenu différent.

En cas de désaccord entre l'Assemblée nationale et le Sénat en vue de l'adoption d'un texte identique, le Premier ministre a la possibilité de provoquer la réunion d'une commission mixte paritaire[92] en vue de proposer un texte uniquement sur les dispositions qui n'ont pu faire l'unanimité des parlementaires.

Lorsque la commission mixte paritaire a élaboré un texte, le Premier ministre a l'obligation de le soumettre pour adoption ou vote aux deux (02) assemblées. S'il ne le fait pas, la navette[93] reprend. Si le texte de la commission mixte paritaire est adopté en des termes identiques par les deux (02) assemblées, la procédure est terminée. Lorsque le parlement examine l'accord établi par la commission mixte paritaire, seuls les amendements proposés ou acceptés par le gouvernement sont recevables à entraîner des abus et susciter de vives critiques.

---

[92]-La commission mixte paritaire est une commission composée d'un nombre égal de parlementaires des (2) chambres du parlement. Elle est chargée, en cas de désaccord entre celles-ci, d'élaborer un texte transactionnel susceptible d'être adopté par l'Assemblée nationale et le Sénat.

[93]-La navette est une procédure parlementaire par laquelle un texte est transmis d'une assemblée à l'autre jusqu'à ce que les deux assemblées se soient mises d'accord.

Si le texte de la commission mixte paritaire n'est pas adopté, le Premier ministre donne le dernier mot à l'Assemblée nationale qui statuera soit sur la base du dernier texte adopté par elle modifié le cas échéant d'amendements adoptés par le Sénat, soit sur la base du texte de la commission mixte paritaire.

Article 151 : Les lois auxquelles la Constitution confère le caractère de lois organiques, hormis la loi de finances, sont votées et modifiées dans les conditions suivantes :

- **Le projet ou la proposition de loi n'est soumis à la délibération et au vote de la première chambre saisie qu'à l'expiration d'un délai de quinze (15) jours après son dépôt ;**
- **La procédure des articles 147 à 150 est applicable. Toutefois, faute d'accord entre les deux chambres, le texte ne peut être adopté par l'Assemblée nationale en dernière lecture qu'à la majorité absolue de ses membres ;**
- **Les lois organiques ne peuvent être promulguées qu'après déclaration par la Cour constitutionnelle de leur conformité à la Constitution.**

Comment comprendre cette disposition ?

Ce texte nous énumère les trois (3) conditions relatives au vote et modifications des lois organiques, à l'exception de la loi de finances. Il s'agit de :

- Le respect d'un délai de quinze (15) jours pour voter un texte de loi, par la première chambre saisie, après le dépôt du texte de loi ;
- L'application des articles 147 à 150 de la même Constitution. Toutefois, en cas de désaccord entre l'Assemblée nationale et le Sénat, il est reconnu à la première de voter la loi à la majorité absolue des députés ;
- La promulgation des lois organiques est subordonnée à la conformité de celles-ci à la Constitution.

Le non-respect de ces conditions ne donne lieu ni au vote ni aux modifications des lois organiques.

Article 152 : Le parlement est saisi du projet de loi de finances au plus tard huit(8) jours avant l'ouverture de la session d'octobre.

L'Assemblée nationale est saisie en premier lieu du projet de loi de finances de l'année, des projets de loi de finances rectificatives et des projets de loi de règlement.

Que dire de ce texte ?

Cette disposition nous donne avec précision la date de saisine du parlement en matière de projet de loi de finances. En effet, le projet de loi de finances est déposé au parlement au plus tard une semaine avant l'ouverture de la session d'octobre. Au-delà de cette date, le parlement organise une session extraordinaire pour examiner ce projet, selon la préséance de la saisine du parlement. L'Assemblée nationale est saisie en premier lieu et le Sénat en second lieu du projet de loi de finances de l'année, des projets de loi de finances rectificatives et des projets de loi de règlement. Cela est dans le but d'éviter la confusion dans l'examen des projets de loi de finances de l'année.

Article 153 : Si le parlement n'a pas voté le budget à la fin de la session d'octobre, le Premier ministre demande une session extraordinaire dont la durée ne peut excéder quinze (15) jours.

Passé ce délai, le budget est établi, définitivement, par ordonnance après avis de la Cour constitutionnelle.

Si le parlement n'a pas été saisi du projet de loi de finances dans les délais prévus à l'article 152 et que le budget n'a pas été voté à l'issue de cette première session extraordinaire, une deuxième session extraordinaire est convoquée à la demande du Premier ministre.

Que dire de cette disposition ?

Le budget de l'Etat est voté à la fin de la première session qui s'étend du 15 octobre au 23 décembre. Cependant, au cas où le budget de l'Etat n'a pu être voté à cette date pour quelque raison que ce soit, il est donné la possibilité au Premier ministre, chef du gouvernement, de demander au parlement une session extraordinaire, en vue de voter le budget de l'Etat, dans un délai qui ne peut dépasser quinze (15) jours.

Lorsque le budget n'est pas voté dans le délai de quinze (15) jours prévu pour la tenue de la session extraordinaire au parlement, il est établi par l'exécutif, notamment, une ordonnance prise par le président de la République.

Il est encore donné possibilité au Premier ministre de demander la convocation d'une seconde session extraordinaire du parlement lorsque celui-ci n'a pu voter le budget lors de la première session extraordinaire.

Article 154 : Une loi organique règle le mode de présentation du budget de l'Etat.

Le parlement règle les comptes de la Nation. Il est assisté, à cette fin, par la Cour des comptes et de discipline budgétaire.

Comment comprendre ce texte ?

Le budget de l'Etat ne se prépare pas au hasard. Une loi organique règle ou traite de la question relative à l'élaboration du budget de l'Etat. La Cour des comptes et de discipline budgétaire assiste le parlement lorsque celui-ci examine les finances publiques. Pourquoi la Cour des comptes et de discipline budgétaire assiste-t-elle le parlement dans le règlement des comptes de la nation ? Le pouvoir judiciaire ne s'immisce-t-il pas dans le fonctionnement du pouvoir législatif? Pour répondre à ces interrogations, il sied de souligner que le budget de l'Etat est une affaire trop sérieuse qu'on ne peut laisser à la seule compétence du parlement. Le budget est préparé par l'exécutif, soumis au vote du parlement auquel la loi associe le judiciaire pour éviter un certain nombre d'erreurs. C'est pourquoi il est permis à la Cour des comptes et de discipline budgétaire d'assister le parlement. Assister ne signifie pas participer ou prendre part activement au règlement de la loi de finances, mais voir comment les comptes de l'Etat sont traités.

Article 155 : Le projet de loi de règlement est déposé et distribué, au plus tard, à la fin de l'année qui suit l'année d'exécution du budget.

Que retenir de ce texte ?

Il s'agit ici de la période limite de dépôt par l'exécutif du projet de loi de règlement au parlement, avant la fin de l'année qui suit l'année de l'exécution du budget de l'Etat. Ce délai permet à l'exécutif de rassembler tous les documents utiles justifiant ses dépenses et recettes afin de permettre au parlement de contrôler l'exécution des finances publiques de l'année écoulée.

Article 156 : La déclaration de guerre est autorisée par le parlement réuni en congrès. Lorsque, à la suite de circonstances exceptionnelles, le parlement ne peut siéger utilement, la décision de déclaration de guerre est prise en conseil des ministres par le président de la République. Il en informe immédiatement la Nation.

Qu'est-ce que cela signifie ?

Cette disposition nous édifie sur deux (02) modalités de déclaration de guerre par le président de la République, notamment devant le parlement réuni en congrès ou, à défaut de celui-ci, en conseil des ministres.

En cas de violation grave du territoire de la République par une nation étrangère, la déclaration d'entrer en guerre est en principe donnée par les deux chambres du parlement, Assemblée nationale et Sénat, réunies en congrès. Cette décision ne peut être prise séparément par les deux chambres du parlement. Au cas où, pour décider de la guerre, le parlement ne peut se réunir à cause de la gravité de la violation de l'intégrité du territoire, il est donné possibilité au président de la République de prendre la décision d'entrer en guerre, à l'occasion du conseil des ministres. Le président de la République informe sur le champ le peuple de la décision prise par lui et le gouvernement de défendre l'intégrité territoriale. En résumé, l'autorisation de la déclaration de guerre appartient au parlement. A défaut de celui-ci, le président de la République décide de la guerre en conseil des ministres. Autrement dit, seul le président de la République décide de la guerre, en conseil des ministres, et non les ministres.

Article 157 : L'état d'urgence comme l'état de siège est décrété par le président de la République en conseil des ministres. Le parlement se réunit de plein droit.

L'état d'urgence comme l'état de siège peut être proclamé sur tout ou partie de la République pour une durée qui ne peut excéder vingt (20) jours.

Dans les deux cas, le président de la République informe la Nation par un message. Le parlement se réunit de plein droit, s'il n'est pas en session, pour, le cas échéant, autoriser la prorogation de l'état d'urgence ou de l'état de siège au delà de vingt (20) jours.

Lorsque, à la suite de circonstances exceptionnelles, le parlement ne peut siéger, le président de la République peut décider du maintien de l'état d'urgence ou de l'état de siège. Il en informe la Nation par un message.

Une loi détermine les conditions de mise en œuvre de l'état d'urgence ou de l'état de siège.

Que penser de cette disposition ?

L'état d'urgence est un régime d'exception, restrictif des libertés publiques qui peut être déclaré sur tout ou partie du territoire congolais quand les circonstances l'exigent, c'est-à-dire :

- Soit en cas de « péril imminent résultant d'atteintes graves à l'ordre public » ;
- Soit en cas d'événements présentant, par leur nature et leur gravité, le caractère de calamité publique.

Ce régime exceptionnel ne doit pas être confondu avec l'état de siège, qui est un autre moyen de gestion de crise. En cas de péril imminent du fait d'une insurrection armée ou d'une guerre, l'état de siège permet le transfert de pouvoirs des autorités civiles aux autorités militaires. L'état d'urgence comme l'état de siège doivent être déclarés par décret pris en conseil des ministres par le président de la République. En d'autres termes, l'état d'urgence et l'état de siège relèvent de la compétence inclusive du président de la République qui les décrète à l'occasion de la réunion du conseil des ministres.

Cet article accorde aux autorités une durée maximum de vingt (20) jours pour leur permettre d'agir efficacement contre de graves menaces. Il s'agit simplement de la durée de ces mesures qui ne peut aller au-delà de vingt (20) jours. La déclaration de l'état d'urgence ou de l'état de siège renforce les pouvoirs des préfets, du ministre de l'Intérieur, de la garde ainsi que des autorités administratives. Dans ces conditions, ces autorités peuvent :

- Interdire aux populations de leurs zones respectives de circuler à pied ou en véhicule dans certains lieux à certaines heures (le préfet peut ainsi établir un couvre-feu) ;
- Interdire de séjourner librement dans certaines zones ;
- Interdire de manifester ;
- Assigner des personnes à résidence, en cas d'activité dangereuse ;
- Fermer des salles de spectacles, des bars ou des cafés et des lieux de réunion de toute nature ;
- Ordonner la confiscation des armes de 1ère, 4e et 5e catégories ;
- Perquisitionner à domicile de jour comme de nuit ;
- Instaurer un contrôle aux frontières ;
- Décider du contrôle de la presse et des publications de toute nature ainsi que celui des émissions de radio ;
- Décider du contrôle des projections au cinéma et des représentations théâtrales. Il est reconnu au Président de la République la possibilité d'informer le peuple par un message à la nation. Le plus souvent, aux circonstances exceptionnelles, le message à la nation ne donne lieu à aucun débat parlementaire. L'état de siège est proclamé par le gouvernement, mais sa prolongation doit être autorisée par le parlement.

Dans l'impossibilité du parlement de pouvoir se réunir, le Président de la République peut décider, seul, du maintien du régime limitatif des libertés publiques. La décision est-elle prise en conseil des ministres ? À la lumière de cette question, une telle décision, lourde de conséquences, ne peut être prise par le chef de l'Etat en conseil des ministres.

Une loi organique relative à l'état d'urgence ou à l'état de siège est applicable.

Article 158 : Le Gouvernement peut, pour exécuter son programme, demander au parlement de voter une loi l'autorisant à prendre, par ordonnance, pendant un délai limité, des mesures qui sont normalement du domaine de la loi.

Cette autorisation est accordée à la majorité simple des membres du parlement. La demande indique la matière dans laquelle le Gouvernement souhaite que ces ordonnances soient prises.

Les ordonnances sont prises en conseil des ministres, après avis de la Cour Suprême. Elles rentrent en vigueur dès leur publication mais deviennent caduques si le projet de loi de ratification n'est pas déposé au parlement avant la date fixée par la loi d'habilitation.

Lorsque la demande d'habilitation est rejetée, le Président de la République peut, sur décision conforme de la Cour constitutionnelle, légiférer par ordonnance.

A l'expiration du délai mentionné au présent article, les ordonnances ne peuvent plus être modifiées que par la loi dans leurs dispositions qui sont du domaine législatif.

Que dire de cette disposition ?

Ce texte permet au gouvernement de prendre des ordonnances dans des matières qui relèvent du domaine de la loi. Le recours aux ordonnances est subordonné au vote par le parlement d'une loi d'habilitation[94]. La demande d'habilitation ne peut qu'être d'initiative gouvernementale et est censurée par une habilitation introduite à l'initiative parlementaire[95]. Le contenu de loi d'habilitation doit répondre à plusieurs conditions, notamment :

---

[94]-Jean-Paul Jacqué, *Droit constitutionnel et institutions politiques*, Dalloz, 10e éd. 2014, p. 206.

[95]-Conseil constitutionnel, 13 janvier 2005, n° 2004-509 D.C.

- Les ordonnances sont prises pour « l'exécution du programme du gouvernement ». On s'est demandé si l'emploi du terme « programmes » ne faisait pas référence à l'article 49, alinéa 1, de la Constitution française de 1958 et si le gouvernement ne devait pas engager sa responsabilité sur son programme avant de solliciter une habilitation parlementaire. La réponse du Conseil constitutionnel français a été négative[96]. Il suffit que le gouvernement indique au parlement la finalité des mesures qu'il désire adopter dès lors ;
- L'habilitation est « limitée dans le temps », ce qui exclut le transfert définitif de certains domaines au gouvernement. Les lois d'habilitation comportent un délai d'habilitation pendant lequel le gouvernement pourra adopter des ordonnances et un délai de ratification pendant lequel il devra déposer un projet de loi de ratification sur le bureau de l'Assemblée ;
- L'habilitation porte, selon le texte de l'article 125 de l'actuelle Constitution, sur des matières qui sont du domaine de la loi. La pratique qui consisterait à accorder au gouvernement les pleins pouvoirs ne serait donc pas conforme à la Constitution.

Les ordonnances prises de la Cour suprême sont donc signées par le président de la République. Il ne pèse, cependant, sur lui aucune obligation de signer. A l'expiration du délai d'habilitation, le gouvernement ne peut plus prendre d'ordonnances, mais celles adoptées restent en vigueur sauf si le gouvernement omet de les déposer dans le délai prévu devant le parlement, auquel cas elles sont caduques. Après l'expiration du délai d'habilitation, les ordonnances ne peuvent être modifiées que par une loi.

Les ordonnances sont des actes réglementaires dont la légalité peut, dans les mêmes conditions que les actes administratifs, être soumise au contrôle de la chambre administrative de la Cour suprême. Elles perdent cette nature réglementaire dès lors qu'elles sont ratifiées par le législateur.

[96]-Conseil constitutionnel, 12 janvier 1977, n° 76-72 D.C.

Article 159 : Le Premier ministre peut, après délibération du conseil des ministres, engager devant l'Assemblée nationale la responsabilité du Gouvernement sur son programme, sur une déclaration de politique générale ou sur un projet de texte.

L'Assemblée nationale, après débat, émet un vote. La confiance ne peut être refusée au Gouvernement qu'à la majorité des deux tiers (2/3) des députés composant l'Assemblée nationale.

Lorsque la confiance est refusée, le Premier ministre remet au président de la République la démission du Gouvernement.

Que retenir de ce texte ?

La présentation du programme du gouvernement devant l'Assemblée nationale est un moment important de la vie politique d'une nation. Il est fait par le Premier ministre nouvellement nommé par le président de la République. Cette présentation ou déclaration engage ipso facto la responsabilité du gouvernement, dans la mesure où, si ce programme satisfait les élus du peuple, le Premier ministre et son gouvernement exécutent celui-ci. Sans quoi, leurs nominations ne peuvent prospérer. On parle de la motion de censure. Lorsque la majorité parlementaire coïncide avec la majorité présidentielle, le gouvernement considère qu'il est chargé de mettre en œuvre le programme grâce auquel le président de la République a été élu[97], et tel est le cas de ce régime.

Lorsque le programme du gouvernement présenté par le Premier ministre ne convainc pas les membres de l'Assemblée nationale, ceux-ci sanctionnent le gouvernement, après débat et vote, à la majorité des deux tiers (2/3) des députés. Autrement dit, les députés ne peuvent faire confiance au gouvernement qu'à condition que les deux tiers (2/3) des députés consentent au programme. La méfiance des députés pousse le Premier ministre à remettre au président de la République la lettre de démission de son gouvernement.

---

[97]-Jean-Paul Jacqué, *Droit constitutionnel et institutions politiques*, Dalloz, 10e édition, 2014.

Article 160 : L'Assemblée nationale peut mettre en cause la responsabilité du Premier ministre et des autres membres du Gouvernement par le vote d'une motion de censure.

Pour être recevable, la motion de censure doit être signée par un quart (1/4) au moins des députés composant l'Assemblée nationale.

Le débat et le vote de la motion de censure ont lieu dans les quarante-huit (48) heures qui suivent son dépôt devant l'Assemblée nationale.

Lors du vote, seules sont prises en compte les voix favorables à la motion de censure.

La motion de censure est adoptée à la majorité des deux tiers (2/3) des membres composant l'Assemblée nationale.

Le vote est individuel.

Le vote par procuration est autorisé dans les conditions fixées par le règlement intérieur de l'Assemblée nationale.

Comment comprendre ce texte ?

L'Assemblée nationale engage la responsabilité politique du Premier ministre et de son gouvernement par le vote d'une motion de censure[98]. Elle permet de sanctionner un gouvernement incompétent pour déterminer et diriger la politique de la nation. Pour recevoir la motion de censure, la condition sine qua non est la signature d'un quart (1/4) au moins des députés. Sans ce nombre de signatures, la motion de censure ne peut aboutir.

Lorsque la motion de censure est déposée devant l'Assemblée nationale, le délai de 48 heures ou de deux jours relatif au débat et au vote de la motion par les députés doit être observé et respecté. Ce délai ne peut excéder deux (02) jours, à compter de la date du dépôt de la motion de censure à l'Assemblée nationale.

Lorsque les députés votent la motion de censure, seules sont décomptées les voix favorables à la censure.

---

[98]-La motion de censure est une procédure par laquelle une assemblée parlementaire met en jeu la responsabilité politique du gouvernement par un blâme motivé à l'adresse de ce dernier.

Comme la motion doit être adoptée à la majorité des deux tiers (2/3) des membres composant l'Assemblée, cette règle de décompte des votes signifie que les abstentionnistes comptent en fait comme des favorables au gouvernement. Ainsi, le résultat du scrutin permet donc de savoir si le gouvernement a une majorité absolue contre lui ; il ne permet pas, par contre, de savoir s'il dispose d'une majorité en sa faveur.

La procédure de la motion de censure est utilisée par l'opposition qui y voit plus, compte tenu de l'existence d'une majorité parlementaire stable, le moyen de provoquer un débat général sur la politique gouvernementale que celui de renverser le gouvernement.[99]

Le vote est personnel. Cela signifie que le vote doit être l'acte accompli par un député. Ni ceux qui sont pour la censure, ni ceux qui sont contre la censure, ni son parti politique, ni son groupe politique ne doivent connaître pour qui un député vote. Donc, le vote n'est pas collectif. Il échappe à tous les curieux.

Lorsqu'un député est absent, et veut qu'un collègue député vote pour lui, le règlement intérieur de l'Assemblée règle les modalités de cette autorisation par le moyen d'une procuration.

Article 161 : Lorsque la motion de censure est adoptée, le Premier ministre remet au président de la République la démission du Gouvernement.

Qu'est-ce que cela veut dire ?

Cette disposition veut que le Premier ministre qui a fait l'objet d'un vote de motion de censure remette au président de la République la démission du gouvernement.

Le gouvernement démissionnaire continuera, dans l'attente de la nomination d'un nouveau gouvernement, à expédier les affaires courantes.[100]

---

[99]-Jean-Paul Jacqué, *Droit constitutionnel et institutions politiques*, Dalloz, 10e édition, 2014, p. 234.
[100]-Op.cit., p. 234-235.

Article 162 : Le président de la République, après avoir constaté les changements intervenus à l'Assemblée nationale et après consultation des présidents des chambres du parlement et du Premier ministre, peut prononcer la dissolution de l'Assemblée nationale.

Dans ce cas, de nouvelles élections législatives sont organisées conformément aux textes en vigueur.

Comment comprendre ce texte ?

Il s'agit ici de la dissolution de l'Assemblée nationale par le président de la République. Par la dissolution, le chef de l'Etat met fin au mandat de l'Assemblée après avoir observé les conditions de forme, notamment la consultation préalable des présidents de l'Assemblée nationale et du Sénat, et du Premier ministre. Et des élections ont lieu dans un délai de vingt (20) à quarante (40) jours après la dissolution.

Article 163 : Si la motion de censure est rejetée, ses signataires ne peuvent en déposer une autre au cours de la même session.

Que dire de cette disposition ?

Il est fait interdiction aux signataires d'une motion de censure, lorsque la première est rejetée, d'en déposer une nouvelle pendant la même session parlementaire. Le fait de signer la motion de censure, sur la base de ce texte, est soumis à la règle qui limite le nombre de motions de censure que peut signer un parlementaire par session. Pour déposer une autre, il faut attendre une nouvelle session parlementaire.

Article 164 : Il ne peut y avoir plus d'une motion de censure au cours d'une même session.

Pendant l'année précédant la fin de la législature, aucune motion de censure ne peut être déposée.

Que retenir de ce texte ?

Le nombre de motions de censure proposées par les membres de l'Assemblée nationale au cours d'une session parlementaire ne peut dépasser un. Autrement dit, la proposition de motion de censure ne peut être de deux (02) ou plus. Cette limitation empêche le dépôt répétitif de motions de censure pendant une même session tout en préservant l'opportunité pour l'opposition de mettre en jeu à plusieurs reprises la responsabilité du gouvernement.

Il est interdit de déposer une motion de censure l'année suivant la fin du mandat des députés. Le but est de permettre à la nouvelle Assemblée élue de s'imprégner des dossiers de l'Etat et d'éviter l'instabilité parlementaire.

Article 165 : En cas de crise persistante entre le Gouvernement et l'Assemblée nationale rendant impossible le fonctionnement régulier des institutions, le président de la République, après avoir informé les présidents des deux chambres et le Premier ministre, prononce la dissolution de l'Assemblée nationale.

De nouvelles élections sont organisées conformément aux textes en vigueur.

Il ne peut être procédé à aucune dissolution de l'Assemblée nationale au cours de la dernière année de la législature.

Qu'est-ce que cela signifie ?

Par dissolution, le président de la République met fin au mandat de l'Assemblée nationale et provoque de nouvelles élections. La dissolution est un pouvoir discrétionnaire du chef de l'Etat et peut être prononcée à tout moment.

Les conditions de forme permettant la dissolution de l'Assemblée nationale sont celles relatives à la consultation du Premier ministre et des présidents de l'Assemblée nationale et du Sénat. Cela revient à dire que, quand bien même l'Assemblée nationale peut être dissoute, il faut consulter son président. De même, quand bien même le Sénat ne peut être dissout conformément à la tradition selon laquelle seule la chambre élue au suffrage universel direct peut faire l'objet d'une dissolution, il faut également consulter son président. L'observation de cette disposition est le gage d'une bonne santé démocratique ; et son non-respect constitue un vice de procédure.

De nouvelles élections législatives ont lieu dans un délai de vingt (20) à quarante (40) jours, après la dissolution de l'Assemblée nationale par le chef de l'Etat.

Le dernier alinéa de cette disposition interdit le président de la République de dissoudre l'Assemblée nationale au cours de la dernière année de la législature. Autrement dit, si le mandat des députés est un quinquennat, c'est-à-dire cinq (05) ans, le président de la République ne peut dissoudre l'Assemblée nationale la cinquième année.

Si le président de la République agit contrairement à cet alinéa, il est en contradiction avec la Constitution, et cela pourrait entraîner une crise. Le but de cette interdiction est de permettre aux députés de préparer les nouvelles élections législatives.

TITRE VII : DU POUVOIR JUDICIAIRE

Article 166 : Il est institué un pouvoir judiciaire exercé par la Cour suprême, les cours d'appel et les autres juridictions nationales.

La Cour suprême, les cours d'appel, les tribunaux de grande instance, les tribunaux administratifs, les tribunaux du travail, les tribunaux de commerce, les tribunaux d'instance ainsi que toutes autres juridictions nationales sont créés par des lois organiques qui fixent leur ressort, leur composition, leur organisation et leur fonctionnement.

Comment comprendre ce texte ?

Il s'agit ici de l'institutionnalisation du pouvoir judiciaire, et il est cité les différentes juridictions par lesquelles ce pouvoir est exercé, notamment la Cour suprême, les cours d'appel et les tribunaux.

Plusieurs lois organiques créent les différentes juridictions de notre pays : loi n° 025-99 du 15 avril 1999 modifiant et complétant certaines dispositions de la loi n° 025-92 du 20 août 1992 et de la loi n° 30-94 du 18 octobre 1994 portant organisation et fonctionnement de la Cour suprême ; loi n° 19-99 du 15 août 1999 modifiant et complétant certaines dispositions de la loi n° 022-92 du 20 août 1992 portant organisation du pouvoir judiciaire ; loi n° 13-96 du 20 mars 1996 portant création du tribunal administratif de Pointe-Noire.

Article 167 : La justice est rendue sur le territoire national au nom du peuple congolais.

Que retenir de cette disposition ?

Cela signifie que la justice n'est pas rendue au nom d'une autorité politique, mais au nom du peuple congolais, comme c'est le cas en France où la justice est rendue au nom du peuple français.

Article 168 : Le pouvoir judiciaire est indépendant du pouvoir exécutif et du pouvoir législatif.

Le pouvoir judiciaire statue sur les litiges nés entre les citoyens ou entre les citoyens et l'Etat.

Les juges ne sont soumis, dans l'exercice de leurs fonctions, qu'à l'autorité de la loi.

Que retenir de ce texte ?

Ce texte consacre le principe de l'indépendance du pouvoir judiciaire. En effet, l'indépendance du pouvoir judiciaire se justifie par le fait que les magistrats, dans l'exercice de leurs fonctions, ne doivent recevoir les instructions d'aucune autorité relevant de l'un de ces deux (02) pouvoirs suscités. Le magistrat décide en tenant compte de la loi et de son intime conviction, et non d'une tierce personne qui n'a rien à voir avec la procédure judiciaire pendante devant les tribunaux.

Dans la pratique, cette théorie est parfois bafouée par certaines autorités politiques ou administratives qui veulent donner des ordres aux magistrats.

L'alinéa 2 de ce texte nous rappelle le rôle du juge qui est de trancher les litiges entre les personnes physiques ou entre ces dernières et l'Etat.

La loi est le seul guide ou fondement du juge. Autrement dit, lorsque le juge est saisi d'un problème entre les citoyens, lui, pour trancher, ne se base que sur la loi. La décision du juge ne doit avoir pour fondement juridique que la loi, et non autre chose.

Ce dernier alinéa cadre ou guide le juge dans sa décision.

Article 169 : Le pouvoir judiciaire ne peut empiéter ni sur les attributions du pouvoir exécutif, ni sur celles du pouvoir législatif.

Le pouvoir exécutif ne peut ni statuer sur les différends, ni entraver le cours de la justice ou s'opposer à l'exécution d'une décision de justice.

Le pouvoir législatif ne peut ni statuer sur les différends, ni entraver le cours de la justice ou s'opposer à l'exécution d'une décision de justice.

Toute loi dont le but est de fournir la solution à un procès en cours est nulle et de nul effet.

Que peut-on comprendre de cette disposition ?

L'interdiction est faite au juge de s'immiscer dans les affaires relevant des pouvoirs exécutif et législatif. Autrement dit, le juge ne peut se substituer à l'exécutif ou au législateur. Le juge doit observer ses propres attributions.

Les alinéas 2 et 3 interdisent les pouvoirs exécutif et législatif de trancher les litiges ou d'empêcher le fonctionnement normal de la justice. Agir de la sorte, c'est aller à l'encontre de celle-ci.

Le parlement, dans ses attributions législatives, ne peut voter une loi susceptible de donner la solution à un litige pendant devant les tribunaux. Une loi votée avec telle intention ne peut prospérer.

Article 170 : Il est institué un conseil supérieur de la magistrature présidé par le président de la République.

Le ministre de la Justice en est le premier vice-président. Il peut suppléer le président de la République dans la présidence des réunions du Conseil supérieur de la magistrature.

Le premier président de la Cour suprême, le procureur général, le vice-président, le premier avocat général sont membres de droit du conseil supérieur de la magistrature.

Ils sont placés magistrats hors convention.

La loi fixe les modalités de cessation des fonctions des magistrats placés hors convention.

Qu'est-ce que cela veut dire ?

Ce texte nous édifie sur l'institutionnalisation du conseil supérieur de la magistrature par la Constitution et sa présidence. Le conseil supérieur de la magistrature(CSM) est un organe collégial de décision[101] destiné à garantir l'indépendance du

[101]-Loi n° 16-99 du 15 avril 1999 modifiant et complétant certaines dispositions de la loi n° 024-92 du 20 août 1992 et de la loi n° 29-94

pouvoir judiciaire. Sa présidence est confiée au président de la République.[102]

L'alinéa 2 de ce texte nous cite un second membre de l'exécutif, le ministre de la Justice[103] qui est un membre du CSM ; et les fonctions qu'il occupe au sein de cet organe, le premier vice-président du CSM. Cela veut dire, dans l'ordre protocolaire, qu'il vient tout juste après le chef de l'Etat. Au cas où le président de la République est empêché, le ministre de la Justice peut le remplacer provisoirement dans la présidence des réunions du conseil supérieur de la magistrature.

Le dernier alinéa de ce texte cite les magistrats de la Cour suprême faisant partie du conseil supérieur de la magistrature. Il s'agit du premier président de la Cour suprême qui est le deuxième vice-président du conseil supérieur de la magistrature[104], du procureur général près la Cour suprême, du vice-président et du premier avocat général. Ils ne relèvent plus seulement de l'ancienne loi de la Cour suprême[105], mais aussi de celle qui les place hors convention. Cette loi fixe les modalités auxquelles ces magistrats seront traités par l'Etat.

Article 171 : Le président de la République garantit l'indépendance du pouvoir judiciaire à travers le conseil supérieur de la magistrature.

Le conseil supérieur de la magistrature statue comme conseil de discipline et comme organe de gestion de la carrière des magistrats.

---

du 18 octobre 1994 portant institution du conseil supérieur de la magistrature.

[102]-Article 3, alinéa 1, de la loi suscitée.

[103]-Article 3, alinéa 2, de la même loi.

[104]-Idem.

[105]-Loi n° 17-99 du 15 avril 1999 modifiant et complétant certaines dispositions de la loi n° 025-92 du 20 août 1992 et de la loi n° 30-94 du 18 octobre 1994 portant organisation et fonctionnement de la Cour suprême.

Le conseil supérieur de la magistrature, sous l'autorité du président de la République, peut prendre toutes mesures pouvant contribuer au fonctionnement régulier des Cours et Tribunaux.

Comment comprendre ce texte ?

L'indépendance du pouvoir judiciaire est assurée par le président de la République. Celui-ci est gardien de l'indépendance du pouvoir judiciaire à travers le conseil supérieur de la magistrature.

Les attributions ou les missions assignées au conseil supérieur de la magistrature en ce qui concerne le pouvoir disciplinaire et la carrière des magistrats sont les suivantes : il est compétent pour la nomination des magistrats du siège et ceux du parquet.

Pour éviter le fonctionnement défectueux des juridictions, il est reconnu au conseil supérieur de la magistrature la possibilité de prendre toutes mesures utiles au bon fonctionnement de ces dernières.

Article 172 : Les membres de la Cour suprême et les magistrats des autres juridictions nationales sont nommés par le président de la République, par décret en conseil supérieur de la magistrature.

Les magistrats du siège sont inamovibles.

Que retenir de ce texte ?

Ce texte extrêmement important soulève la question relative aux conditions de nomination des magistrats[106]. En effet, les magistrats de la Cour suprême et ceux des autres juridictions (Cours d'appel, Tribunaux) sont nommés par décret du président de la République pris en conseil supérieur de la magistrature. Aucun magistrat ne peut être nommé sans la tenue de ce conseil, présidé par le président de la République.

---

[106]-Décret n° 2014-237 du 21 mai 2014 portant nomination de magistrats dans les juridictions nationales.

Il n'est pas interdit, selon l'organisation interne d'une juridiction, en cas d'empêchement provisoire ou définitif, qu'un magistrat soit momentanément nommé en attendant la tenue du conseil supérieur de la magistrature, qui peut ou non le confirmer à ce poste. L'inamovibilité protège les magistrats du siège (président, juge assesseur, conseiller) contre toute mesure arbitraire de suspension, rétrogradation, déplacement même en avancement, révocation. L'inamovibilité est instituée pour la garantie des plaideurs (demandeur, défendeur, intervenant), en assurant l'indépendance de la magistrature. Les magistrats du parquet ne bénéficient pas de l'inamovibilité.

Article 173 : La loi fixe le statut spécial du corps unique des magistrats de la Cour suprême, des cours d'appel et de toutes les autres juridictions nationales.

Comment comprendre ce texte ?

Cette disposition constitutionnelle réaffirme l'existence d'une loi organique[107] relative au statut de la magistrature. Que signifie le corps unique des magistrats ? Le corps unique des magistrats signifie qu'il n'existe pas une dualité de juridictions au Congo, c'est-à-dire qu'il n'existe pas d'une part la juridiction administrative et d'autre part la juridiction judiciaire, comme c'est le cas dans le système français. Par contre, au Congo, il n'y a qu'un seul ordre de juridiction.

Article 174 : Une loi organique fixe l'organisation, la composition et le fonctionnement du conseil supérieur de la magistrature.

Qu'est-ce que cela veut dire ?

Le conseil supérieur de la magistrature est un organe collégial de décision destiné à garantir l'indépendance du pouvoir judiciaire. Le texte organique fixant le conseil supérieur de la magistrature est la loi n° 16-99 du 15 avril 1999 modifiant

---

[107]-Loi n° 15-99 du 15 avril 1999 modifiant et complétant certaines dispositions de la loi n° 023-92 du 20 août 1992 portant statut de la magistrature.

et complétant certaines dispositions de la loi n° 29-94 du 18 octobre 1994 portant institution du conseil supérieur de la magistrature. En d'autres termes, cette disposition nous renvoie à la loi organique suscitée.

TITRE VIII : DE LA COUR CONSTITUTIONNELLE

Article 175 : La Cour constitutionnelle est la plus haute juridiction de l'Etat en matière constitutionnelle.

Elle est juge de la constitutionnalité des lois, des traités et accords internationaux.

La Cour constitutionnelle est l'organe régulateur du fonctionnement des institutions et des activités des pouvoirs publics.

Que retenir de ce texte ?

L'alinéa 1er traite de la question relative à la Cour constitutionnelle.

L'alinéa 2 révèle le rôle de la Cour constitutionnelle et en même temps cite les matières qui relèvent de sa compétence. Autrement dit, la Cour constitutionnelle juge si les lois et les traités internationaux sont conformes à la Constitution. La question prioritaire de constitutionnalité permet aux particuliers de constater la constitutionnalité des dispositions législatives et internationales applicables à un litige auquel ils sont parties. Le contrôle de la conformité des traités et accords internationaux à la Constitution relève de la Cour constitutionnelle qui veille à ce que le fonctionnement des pouvoirs publics ou des institutions ne soit pas irrégulier, anormal ou bloqué, pour quelque raison que ce soit. De son existence, aucune institution publique ne doit dysfonctionner.

Article 176 : La Cour constitutionnelle veille à la régularité de l'élection du président de la République.

Elle examine les réclamations et proclame les résultats définitifs du scrutin.

La Cour constitutionnelle veille à la régularité des opérations du référendum et en proclame les résultats définitifs.

Que dire de ce texte ?

Ce texte appelle les observations relatives aux missions ou attributions assignées à la Cour constitutionnelle. En effet, lors de l'élection du président de la République[108], la Cour constitutionnelle fait à ce que celle-ci ne souffre d'aucune fraude, d'aucune tricherie ou de quelque vice que ce soit, susceptible de la compromettre. Autrement dit, elle veille au bon déroulement de l'élection présidentielle.

Lorsque l'élection du président de la République a eu lieu et que des irrégularités ont été constatées, des candidats mécontents peuvent saisir la Cour constitutionnelle et une suite leur est donnée au même moment que la proclamation des résultats définitifs du scrutin.

Qu'entendons-nous par proclamation des résultats définitifs du scrutin présidentiel ? La proclamation des résultats définitifs du scrutin présidentiel est la publication officielle des résultats de l'élection du président de la République par la Cour constitutionnelle[109]. L'adjectif « définitif » signifie qu'il y a de prime à bord les résultats « provisoires » publiés par le ministre de l'Intérieur, ensuite les résultats définitifs publiés dans un délai de quinze (15) jours après la publication des résultats provisoires.

Pour qu'il n'y ait pas fraude, tricherie ou quelque vice susceptible d'entacher l'élection référendaire[110], la Cour constitutionnelle fait à ce que celle-ci se déroule normalement, et elle proclame en dernier les résultats définitifs. Les résultats « provisoires » sont publiés par le ministre de l'Intérieur. La régularité des opérations réglementaires est appréciée par la Cour constitutionnelle sur saisine du président de la République, du président de l'Assemblée nationale ou du président du Sénat[111]. La Cour constitutionnelle exerce une

---

[108]-Election présidentielle du 20 mars 2016 en République du Congo.

[109]-Proclamation définitive par la Cour constitutionnelle des résultats de l'élection présidentielle en date du 4 avril 2016 en République du Congo.

[110]-Election référendaire du 25 octobre 2015 en République du Congo.

[111]-Article 64, alinéa 1, de la loi organique n° 1-2003 du 17 janvier 2003 portant organisation et fonctionnement de la Cour constitutionnelle.

compétence juridictionnelle qui conduit à la validation ou à l'annulation totale ou partielle des opérations référendaires.[112]

Article 177 : La Cour constitutionnelle est juge du contentieux des élections législatives et sénatoriales. A ce titre, elle examine les recours relatifs à la contestation des candidatures et aux résultats de ces élections.

Le contentieux des élections autres que celles prévues dans la présente Constitution relève des juridictions ordinaires.

Que signifie ce texte ?

La compréhension de ce texte réside dans le fait que la Cour constitutionnelle est compétente pour juger les litiges nés lors des élections législatives et sénatoriales, en examinant les recours des candidats mécontents et en publiant les résultats électoraux.

A l'exception du contentieux des élections présidentielles, législatives et sénatoriales, le contentieux électoral qui ne relève de la compétence de la Cour constitutionnelle est réservé donc à la compétence des Cours et Tribunaux[113] ordinaires.

Article 178 : La Cour constitutionnelle est saisie par le président de la République, le président de l'Assemblée nationale, le président du Sénat, le Premier ministre ou par un tiers des membres de chaque chambre du parlement.

Que dire de ce texte ?

Cette disposition de la Constitution nous cite limitativement les autorités constitutionnelles susceptibles de saisir la Cour constitutionnelle en cas de litige. Celles qui ne sont pas citées ne peuvent saisir la cour par crainte d'irrecevabilité de la requête.

---

[112]-Article 65 de la loi organique n° 1-2003, op.cit.

[113]-C'est le cas des élections locales qui relèvent de la compétence du Tribunal administratif.

Article 179 : La Cour constitutionnelle est saisie, pour avis de conformité, avant la promulgation des lois organiques ou la mise en application du règlement intérieur de chaque chambre du parlement.

Dans ce cas, la Cour constitutionnelle statue dans un délai d'un(1) mois.

Toutefois, à la demande expresse du requérant, ce délai peut être ramené à dix (10) jours s'il y a urgence.

La saisine de la Cour constitutionnelle suspend le délai de promulgation de la loi ou de la mise en application du règlement intérieur.

Qu'est-ce que cela veut dire ?

La saisine de la Cour constitutionnelle ne doit avoir lieu qu'avant la promulgation des lois organiques ou la mise en application des règlements intérieurs de l'Assemblée nationale et du Sénat. La saisine de cette juridiction ne peut être reçue après la promulgation des textes susvisés. Lorsque la Cour constitutionnelle est régulièrement saisie, sa décision intervient dans un délai d'un(1) mois, c'est-à-dire trente (30) jours. Autrement dit, la Cour constitutionnelle ne peut rendre sa décision dans un délai qui dépasse trente (30) jours.

Toutefois, la Cour constitutionnelle peut rendre sa décision dans un délai de dix (10) jours en cas d'urgence. L'urgence suppose que tout retard entraîne un grave préjudice pour celui qui s'en prévaut.

Le requérant peut signifier ce délai dans sa requête de saisine de la Cour constitutionnelle.

Dès lors que la Cour constitutionnelle est saisie pour avis de conformité des lois organiques et de la mise en application du règlement intérieur de chaque chambre du parlement, le délai de promulgation est reporté à une date ultérieure. Autrement dit, le délai de promulgation commence à courir après que la Cour constitutionnelle s'est prononcée.

Article 180 : Tout particulier peut, soit directement, soit par la procédure de l'exception d'inconstitutionnalité invoquée devant une juridiction dans une affaire qui le concerne, saisir la Cour constitutionnelle sur la constitutionnalité des lois et des traités.

En cas d'exception d'inconstitutionnalité, la juridiction saisie sursoit à statuer et impartit au requérant un délai d'un(1) mois à partir de la signification de sa décision pour saisir la Cour constitutionnelle.

Que retenir de ce texte ?

La Cour constitutionnelle qui ne dispose pas d'une capacité d'auto-saisine détient des compétences consultative et juridictionnelle. Les requêtes lui sont déférées directement, dans le cadre de la procédure par voie d'action ou, indirectement, par le biais de l'exception d'inconstitutionnalité, par les pouvoirs publics et les particuliers[114]. L'alinéa 1er de cette disposition nous décrit les modes de saisine par un particulier de la Cour constitutionnelle. En effet, il est donné possibilité à un particulier de saisir directement[115] ou indirectement la Cour constitutionnelle en invoquant l'inconstitutionnalité d'une loi.

Les déclarations d'inconstitutionnalité conduisent à l'annulation ou l'inapplicabilité d'un texte soumis à l'examen de la haute juridiction constitutionnelle[116]. Le contrôle par voie d'action permet au requérant de demander directement au juge l'annulation de la loi pour inconstitutionnalité. La procédure de l'exception d'inconstitutionnalité peut être soulevée par toute partie en procès devant une juridiction. Sa recevabilité est constatée par un jugement ou un arrêt qui prononce le renvoi du dossier et des parties devant la Cour constitutionnelle[117]. La

---

114-Delphine Edith Emmanuelle Adouki, « Revue congolaise de droit et de notariat », n° 19, année 2006, p. 14.

115-Cour constitutionnelle, décision n° 01/DCC/SVE/03 du 30 juin 2003, A. Q. Ret, B.C.Z.

116-Article 45 de la loi organique n° 1-2003, op.cit.

117-L'exception doit être excipée avant la mise en délibéré en matière pénale et, en toutes autres matières, lors de la requête introductive

Cour constitutionnelle régulièrement saisie examine la disposition contestée déjà en vigueur et statue. La déclaration d'inconstitutionnalité ne débouche pas sur l'annulation du texte. Celui-ci est simplement rendu inapplicable au cas d'espèce. La cour exerce alors un contrôle a posteriori.

Article 181 : Une disposition déclarée inconstitutionnelle ne peut être ni promulguée, ni mise en application.

Les décisions de la Cour constitutionnelle ne sont susceptibles d'aucun recours. Elles s'imposent aux pouvoirs publics, à toutes les autorités administratives, juridictionnelles et aux particuliers.

Comment comprendre ce texte ?

Il est interdit à une loi déclarée contraire à la Constitution d'être promulguée, ni mise en application. Une loi inconstitutionnelle est annulée, c'est-à-dire qu'elle est supposée ne jamais avoir existé.

Les décisions rendues par la Cour constitutionnelle, dans les litiges soumis à son examen, ne peuvent être frappées d'appel. Elles sont revêtues de l'autorité de la chose jugée. Elles ont un effet à l'égard de tous, erga omnes, et non seulement à l'égard des seules personnes directement concernées. L'autorité de la chose jugée ne s'attache pas seulement au dispositif, mais également aux motifs qui en sont le « soutien nécessaire et en constituent le fondement même ».

Article 182 : La Cour constitutionnelle est composée de neuf (9) membres nommés ainsi qu'il suit :

- **trois (3) par le président de la République ;**
- **deux (2) par le président du Sénat ;**
- **deux (2) par le président de l'Assemblée nationale ;**
- **deux (2) par la Cour suprême parmi les membres de cette juridiction.**

Qu'est-ce que cela signifie ?

---

d'instance par le demandeur ou dans les premières conclusions en réponse, par le défendeur.

Cette disposition nous édifie sur la composition ou l'effectif des membres de la Cour constitutionnelle et les personnalités chargées de les nommer. En effet, les neuf (09) membres de cette cour sont nommés respectivement par le président de la République (pouvoir exécutif), les présidents de l'Assemblée nationale et du Sénat (pouvoir législatif) et la Cour suprême (pouvoir judiciaire).

Article 183 : Le président de la Cour constitutionnelle est nommé par le président de la République parmi ses membres. Il a voix prépondérante en cas de partage égal des voix.

Que dire de cet article ?

Le président de la Cour constitutionnelle est nommé parmi les trois (03) membres de cette juridiction nommés par le président de la République. Lorsque les points de vue divergent lors des délibérations des décisions et avis, la position prise par le président de la Cour constitutionnelle prime sur toutes autres positions et met fin au débat.

Article 184 : Les fonctions de membre de la Cour constitutionnelle sont incompatibles avec celles de membre du Gouvernement, du parlement ou de la Cour suprême.

Que signifie ce texte ?

Les membres de la Cour constitutionnelle sont soumis à des incompatibilités. Ils ne peuvent en même temps exercer les fonctions de membre du gouvernement, du parlement ou de la Cour suprême. En d'autres termes, il est interdit au membre de la Cour constitutionnelle d'être membre du gouvernement, du parlement ou de la Cour suprême. L'incompatibilité n'interdit pas de se présenter aux élections, mais elle oblige l'élu à opérer un choix entre deux mandats incompatibles.

Article 185 : Les personnalités condamnées pour forfaiture, haute trahison, parjure ou tout autre crime ne peuvent être membres de la Cour constitutionnelle.

Les autres incompatibilités sont fixées par la loi.

Que retenir de cette disposition ?

Il est interdit aux personnalités ayant fait l'objet de condamnation pour forfaiture[118], haute trahison[119], parjure[120] ou tout autre crime d'être membres de la Cour constitutionnelle. Cette interdiction permet de ne pas nommer à la Cour constitutionnelle des personnalités de moralité douteuse.

Les autres incompatibilités fixées par la loi sont : les membres de la Cour constitutionnelle ne peuvent être aussi membres du conseil économique et social, du conseil supérieur de la liberté de communication, de la commission nationale des droits de l'homme, du conseil supérieur de la magistrature et des conseils locaux.[121]

Article 186 : Le mandat des membres de la Cour constitutionnelle est de quatre (4) ans renouvelables deux fois.

La loi détermine les modalités du renouvellement des mandats des membres de la Cour constitutionnelle.

Quelle interprétation donnons-nous à ce texte ?

Il s'agit du mandat des membres de la Cour constitutionnelle contrairement au titre IX de la Constitution du 20 janvier 2002 et de la loi organique n° 1-2003 du 17 janvier 2003 portant organisation et fonctionnement de la Cour constitutionnelle, où la cour est renouvelable par tiers tous les trois (03) ans[122]. La

---

[118]-Forfaiture : crime commis par un fonctionnaire public dans l'exercice de ses fonctions.

[119]-Haute trahison : crime pour lequel le Président de la Ière République pouvait être mis en accusation devant la Haute Cour de justice.

[120]-Parjure : faux serment.

[121]-Article 21 de la loi n° 1-2003 du 17 janvier 2003 portant organisation et fonctionnement de la Cour constitutionnelle.

[122]-Article 12 de la loi n° 1-2003 du 17 janvier 2003, op.cit.

Constitution du 25 octobre 2015 va totalement à l'opposé des textes susvisés. En effet, les membres de la Cour constitutionnelle sont nommés pour quatre (04) ans renouvelables deux (02) fois. Autrement dit, le mandat des membres de la Cour constitutionnelle passe de neuf (09) ans à douze (12) ans pour ceux qui bénéficient de la confiance des personnalités chargées de les nommer.

Le soin est laissé à la loi organique de déterminer les modalités du renouvellement des mandats des membres de la Cour constitutionnelle.

Article 187 : La Cour constitutionnelle est composée d'au moins six (6) personnalités jouissant d'une expérience dans le domaine du Droit.

Comment comprendre cet article ?

Il y a lieu de souligner l'existence des juristes au sein des membres composant la Cour constitutionnelle.

Parmi les neuf (09) membres qui composent la Cour constitutionnelle, six (06) doivent être juristes. Ça peut être des magistrats, des avocats, des professeurs de droit, etc.

Mais seulement, ce texte ne nous édifie pas sur la durée de cette expérience. Autrement dit, l'expérience dans le domaine du droit n'est pas déterminée par la présente disposition. La loi organique nous en informerait. Que sera le sort de la Cour constitutionnelle dépourvue des six (06) juristes ? La Constitution, à cette interrogation, est muette.

Article 188 : Une loi organique détermine l'organisation et le fonctionnement de la Cour constitutionnelle ainsi que la procédure à suivre.

Que comprendre de ce texte ?

Ce texte nous renvoie à la loi organique portant organisation et fonctionnement de la Cour constitutionnelle.

Nous pouvons dire que l'actuelle loi organique du 17 janvier 2003 sur la Cour constitutionnelle serait abrogée pour laisser place à une nouvelle qui prendrait en compte les dispositions de l'actuelle loi fondamentale.

TITRE IX :
DE LA COUR DES COMPTES ET DE DISCIPLINE BUDGETAIRE

Article 189 : Il est institué une Cour des comptes et de discipline budgétaire.

Qu'est-ce que cela veut dire ?

Il y a lieu de constater l'institution ou l'existence de la Cour des comptes et de discipline budgétaire. Elle est la juridiction compétente en matière de gestion financière et comptable des deniers de l'Etat, des collectivités locales, des établissements publics quel que soit leur caractère, des entreprises d'Etat, des entreprises d'économie mixte, des organismes de prévoyance et de sécurité sociales, des organismes subventionnés et généralement de tous les organismes personnalisés ou non que la loi a soumis à sa juridiction et à son contrôle. Ses arrêts définitifs sont susceptibles de recours en cassation devant la Cour suprême ou de pourvoi en révision devant la Cour des comptes elle-même.[123]

Article 190 : Une loi organique détermine les attributions, l'organisation, la composition et le fonctionnement de la Cour des comptes et de discipline budgétaire ainsi que la procédure à suivre.

Qu'est-ce que cela veut dire ?

Ce que nous devons retenir de cet article c'est que la Cour des comptes et de discipline budgétaire est instituée ou existe grâce à la loi n° 19-99 du 15 août 1999 modifiant et complétant certaines dispositions de la loi n° 022-92 du 20 août 1992 portant organisation du pouvoir judiciaire.

---

[123]-Article 7 de la loi n° 19-99 du 15 août 1999 modifiant et complétant certaines dispositions de la loi n° 022-92 du 20 août 1992 portant organisation du pouvoir judiciaire.

TITRE X :
DE LA HAUTE COUR DE JUSTICE

Article 191 : Il est institué une Haute Cour de justice.

La Haute Cour de justice est composée de députés et de sénateurs élus en nombre égal par leurs pairs, et de membres issus de la Cour suprême également élus par leurs pairs.

La représentation des parlementaires au sein de la Haute Cour de justice doit refléter, autant que possible, la configuration politique de chaque chambre du parlement.

La Haute Cour de justice est présidée par le premier président de la Cour suprême. Le ministère public est représenté par le procureur général près la Cour suprême.

Comment pouvons-nous comprendre ce texte ?

Il s'agit de l'institution de la Haute Cour de justice. La Haute Cour de justice est instituée par la loi organique n° 1-99 du 8 janvier 1999 portant attributions, organisation et fonctionnement de la Haute Cour de justice.

L'alinéa 2 de ce texte évoque la composition de la Haute Cour de justice. En effet, elle comprend huit (08) parlementaires, c'est-à-dire quatre (04) députés et quatre (04) sénateurs élus par eux-mêmes les parlementaires ; six (06) magistrats de la Cour suprême élus eux aussi par les membres de la Cour suprême[124].

Les parlementaires, membres de la Haute Cour de justice, doivent être issus des différents groupes ou partis politiques des deux (02) chambres du parlement.

Le premier président de la Cour suprême est président de la Haute Cour de justice[125]. C'est lui qui préside l'audience de la Haute Cour de justice.

---

[124]-Article 3 de la loi n° 1-99 du 8 janvier 1999 portant attributions, organisation et fonctionnement de la Haute Cour de justice.

[125]-Article 3 de la loi n° 1-99 du 8 janvier 1999, op.cit.

Article 192 : La Haute Cour de justice est compétente pour juger le président de la République en cas de manquement grave à ses devoirs, manifestement incompatible avec l'exercice de sa haute fonction.

Qu'est-ce que cela signifie ?

Cette disposition évoque les attributions ou la compétence dévolue à la Haute Cour de justice. La Haute Cour de justice est chargée de juger le président de la République en cas de haute trahison.[126]

Article 193 : Les membres de l'Assemblée nationale et du Sénat, le premier ministre, les ministres, les membres de la Cour suprême et les membres de la Cour constitutionnelle, sont justiciables devant la Haute Cour de justice, pour les actes qualifiés crimes ou délits commis dans l'exercice de leurs fonctions. Ils sont mis en accusation par le parlement réuni en congrès statuant par un vote au scrutin secret, à la majorité des deux tiers de ses membres.

Que retenir de cet article ?

L'interprétation de cet article conduit à connaître ou énumère les autorités politiques et judiciaires susceptibles d'être jugées par la Haute Cour de justice, en cas de crimes ou délits commis dans l'exercice de leurs fonctions.

Autrement dit, ces autorités ne peuvent être jugées que par la Haute Cour de justice lorsqu'elles sont auteurs d'un crime ou d'un délit commis pendant qu'elles sont en fonction. En d'autres termes, cet article indique la juridiction compétente pour juger ces autorités en cas de crimes ou délits commis en pleine fonction. Les crimes et délits commis par elles avant qu'elles ne soient membres de ces institutions ne peuvent être jugés par la Haute Cour de justice. De même, les actes commis par elles dans leur vie privée ne peuvent relever de la Haute Cour de justice, mais des juridictions ordinaires.

---

[126]-Article 1er, alinéa 2, de la loi n° 1-99 du 8 janvier 1999, op.cit. ; la haute trahison est un crime pour lequel le Président de la République pouvait être mis en accusation devant la Haute Cour de justice.

La mise en accusation relève de la compétence du parlement réuni en congrès qui en décide par un vote au scrutin secret à la majorité des deux tiers de ses membres[127]. Ceci constitue une condition capitale, et lorsqu'elle est respectée le présumé auteur de ces actes est renvoyé devant la Haute Cour de justice pour être jugé.

Article 194 : Les co-auteurs et les complices des personnes visées aux articles 192 et 193 ci-dessus sont également justiciables devant la Haute Cour de justice, sans qu'il soit nécessaire que l'acte de mise en accusation les concernant émane du parlement.

Comment comprendre cet article ?

La compréhension de ce texte désigne la Haute Cour de justice également compétente pour juger les co-auteurs et les complices des autorités citées aux articles 192 et 193 de la présente Constitution, notamment le président de la République, les députés, les sénateurs, les ministres, les membres de la Cour suprême et de la Cour constitutionnelle, en cas de crimes ou délits commis par elles pendant qu'elles sont en fonction. La mise en accusation de ces co-auteurs et complices n'obéit à aucune procédure parlementaire comme c'est le cas des autorités visées aux articles précités.

Article 195 : Une loi organique détermine l'organisation et le fonctionnement de la Haute Cour de justice ainsi que la procédure à suivre.

Comment interpréter ce texte ?

Ce texte nous renvoie à la loi sur la Haute Cour de justice, notamment la loi organique n° 1-99 du 8 janvier 1999 portant attributions, organisation et fonctionnement de la Haute Cour de justice.

---

[127]-Article 10 de la loi n° 1-99 du 8 janvier 1999, op.cit.

TITRE XI : DU CONSEIL ECONOMIQUE, SOCIAL ET ENVIRONNEMENTAL

Article 196 : Il est institué un conseil économique, social et environnemental.

Que retenir de ce texte ?

Ce texte nous informe de l'institutionnalisation ou de l'existence du conseil économique, social et environnemental en République du Congo. Son siège est à Brazzaville.

Article 197 : Le conseil économique, social et environnemental est, auprès des pouvoirs publics, une assemblée consultative.

Il est saisi par le président de la République, le président de l'Assemblée nationale ou le président du Sénat.

Il peut, de sa propre initiative, se saisir de tout problème à caractère économique, social ou environnemental.

Le conseil économique, social et environnemental peut, en outre, être consulté sur les projets de traités ou d'accords internationaux, les projets ou les propositions de loi, ainsi que les projets de décret en raison de leur caractère économique, social ou environnemental.

Le conseil économique, social et environnemental est saisi de tout projet de loi de programme et plan de développement à caractère économique, social ou environnemental, à l'exception du budget de l'Etat.

Que signifie cet article ?

Il ressort de cet article trois (03) aspects fondamentaux : le rôle, la saisine et les missions ou attributions du conseil économique, social et environnemental.

L'alinéa 1er de ce texte précise le rôle du conseil économique, social et environnemental qui est une assemblée consultative, c'est-à-dire une assemblée chargée de donner son opinion ou d'éclairer les pouvoirs publics ou l'Etat sur les questions ayant un caractère économique, social et environnemental lorsqu'il est nécessaire.

Il ressort de l'alinéa 2 de cet article les trois (03) autorités politiques susceptibles de saisir le conseil économique, social et environnemental. Il s'agit du président de la République, le président de l'Assemblée nationale ou le président du Sénat. En d'autres termes, ce texte cite les autorités compétentes pour saisir le conseil économique, social et environnemental.

L'alinéa 3 soulève le problème de l'auto-saisine du conseil économique, social et environnemental. En effet, le conseil peut s'autosaisir, c'est-à-dire se saisir lui-même de tout problème à caractère économique, social et environnemental.

Les deux (02) derniers alinéas évoquent, sans doute ou sans risque de se tromper, les missions pour lesquelles le conseil peut être consulté. En ce qui concerne le budget de l'Etat, cela ne relève pas de sa compétence.

Article 198 : La fonction de membre du conseil économique, social et environnemental est incompatible avec celle de parlementaire, de membre du Gouvernement, de membre de la Cour constitutionnelle, de préfet, de maire, de sous-préfet et de conseiller local.

Comment comprendre ce texte ?

Ce texte interdit aux membres du conseil économique, social et environnemental d'exercer en même temps d'autres fonctions, notamment celles de parlementaire, de membre du gouvernement, membre de la Cour constitutionnelle, préfet, maire, sous-préfet et conseiller local. Il s'agit de l'incompatibilité de la fonction de membre du conseil économique, social et environnemental avec les institutions citées ci-dessus.

Les membres du conseil économique, social et environnemental ne peuvent exercer d'emploi public ou privé à l'exception des travaux agricoles, scientifiques, littéraires, artistiques ou d'enseignement.

Article 199 : Une loi organique fixe l'organisation, la composition, les règles de fonctionnement et les modalités de désignation des membres du conseil économique, social et environnemental.

Quelle interprétation donnons-nous à ce texte ?

Cette disposition nous renvoie à la loi organique n° 2-2003 du 17 janvier 2003 portant organisation, composition et fonctionnement du conseil économique et social, pour faire une nette idée sur cette institution combien importante.

TITRE XII :
DU MEDIATEUR DE LA REPUBLIQUE

Article 200 : Il est institué un Médiateur de la République.

Que dire de cet article ?

Ce texte nous édifie sur l'existence d'un médiateur[128] de la République au Congo. Son siège est à Brazzaville.

Article 201 : Le Médiateur de la République est une autorité indépendante, chargée de simplifier et d'humaniser les rapports entre l'administration et les administrés.

Comment comprendre ce texte ?

Ce texte définit les missions assignées au médiateur de la République. C'est une autorité constitutionnelle indépendante qui veille au respect des droits et libertés par les administrations de l'Etat, les collectivités locales, les établissements publics ainsi que tout organisme investi d'une mission de service public des administrés. Autrement dit, le médiateur de la République est chargé, face à une administration considérée comme de plus en plus complexe, de simplifier et d'humaniser la protection des administrés, sans se substituer aux tribunaux[129]. N'étant placé sous la responsabilité hiérarchique d'aucune autorité, il n'est pas subordonné au pouvoir judiciaire. Ses décisions sont libres et prises selon son intime conviction. Que signifient les verbes simplifier et humaniser… ? Le premier veut dire rendre plus simple, moins compliqué ; le second signifie donner un caractère plus humain, rendre plus supportable à l'homme.

---

[128]-Article 1er de la loi n° 9-98 du 31 octobre 1998 portant institution, attributions et fonctionnement du médiateur.

[129]-Article 3 de la loi n° 9-98 du 31 octobre 1998, op.cit.

Article 202 : Toute personne physique ou morale, qui estime, à l'occasion d'une affaire la concernant, qu'un organisme public n'a pas fonctionné conformément à la mission de service public qui lui est dévolue peut, par une requête individuelle, saisir le Médiateur de la République.

Comment interpréter ce texte ?

Ce texte nous édifie sur la saisine du médiateur de la République par toute personne physique[130] ou morale[131] s'estimant lésée par le fonctionnement d'un service public ou d'un organisme investi d'une mission de service public.

Le médiateur de la République « peut » être saisi par une requête individuelle. Cela signifie qu'un particulier a la possibilité de saisir directement le médiateur lorsque l'administration n'a pas fonctionné comme il fallait. « Peut » vient du verbe pouvoir qui est une possibilité, une faculté, et non une obligation de saisir le médiateur. Par requête individuelle, il faut entendre une demande écrite par une personne adressée directement au médiateur.

Article 203 : Une loi organique définit les attributions et fixe les conditions d'organisation, de nomination, de fonctionnement et de saisine du Médiateur de la République.

Que retenir de ce texte ?

La loi organique relative au médiateur de la République est la loi n° 9-98 du 31 octobre 1998 portant institution, attributions et fonctionnement du médiateur.

En d'autres termes, cette disposition nous renvoie à la loi portant institution du médiateur de la République.

---

[130]-Personne physique : être humain.

[131]-Personne morale : société, association, syndicat, Etat, collectivités territoriales, établissements publics.

TITRE XIII : DE LA FORCE PUBLIQUE

Article 204 : La force publique est composée de la police nationale, de la Gendarmerie nationale et des Forces Armées Congolaises.

Qu'est-ce que cela veut dire ?

La force publique[132] est l'ensemble des forces (police, gendarmerie, armée) qui sont à la disposition du gouvernement pour maintenir l'ordre, à la disposition des officiers publics pour obtenir le respect de la loi et l'exécution des décisions de justice, comme pour exécuter une expulsion ou pour pénétrer dans l'habitation d'un débiteur, objet d'une saisie-vente qui est absent ou refuse l'entrée.

Ce texte cite ou énumère avec précision les trois (03) forces qui composent la force publique, notamment la police nationale[133], la gendarmerie nationale et les forces armées congolaises[134]. En dehors de ces trois (03) forces nommément citées, tout groupement armé illégalement est une milice, fait proscrit par la loi.

Article 205 : La force publique est apolitique. Elle est soumise aux lois et règlements de la République. Elle est instituée dans l'intérêt général. Nul ne doit l'utiliser à des fins personnelles.

La force publique est subordonnée à l'autorité civile. Elle n'agit que dans le cadre des lois et règlements. Les conditions de sa mise en œuvre sont fixées par la loi.

Qu'est-ce que cela signifie ?

---

[132]-Lexique des termes juridiques, 21e édition, 2014, Dalloz, p. 443.

[133]-Ordonnance n° 4-99 du 29 juin 1999 portant organisation et fonctionnement de la police.

[134]-Loi n° 13-2007 du 25 juillet 2007 modifiant certaines dispositions de l'ordonnance n° 4-2001 du 5 février 2001 portant statut général des militaires et des gendarmes.

Il est interdit à la force publique, c'est-à-dire à la police nationale, à la gendarmerie nationale et l'armée congolaise de faire la politique. Ce texte rappelle les missions dévolues à la force publique ; elle existe pour tous, non pas pour un seul individu, comme si c'était une milice au service de celui-ci pour exécuter ses besognes.

La force publique est sous la responsabilité de l'autorité civile[135], c'est-à-dire une autorité qui ne relève ni de la police, ni de la gendarmerie, ni de l'armée, qui lui donne des ordres, des directives ; contrôle l'exécution de ses missions et sanctionne les manquements de celles-ci. Dans l'exercice de ses missions, elle doit appliquer les lois et règlements en vigueur de la République, sans quoi elle commet des abus.

Article 206 : La loi fixe les missions, détermine l'organisation et le fonctionnement, ainsi que les statuts spéciaux des personnels de Police, de Gendarmerie et des Forces Armées Congolaises.

Que retenir de cette disposition ?

A la lumière de cette disposition, il ressort que la police, la gendarmerie et l'armée, ainsi que leurs personnels, sont régis par les textes juridiques suivants :

- police : ordonnance n° 4-99 du 29 juin 1999 portant organisation et fonctionnement de la police ;
- armée et gendarmerie : loi n° 13-2007 du 25 juillet 2007 modifiant certaines dispositions de l'ordonnance n° 4-2001 du 5 février 2001 portant statut général des militaires et des gendarmes.

En d'autres termes, les missions, l'organisation, le fonctionnement et les statuts spéciaux de ces personnels sont prévus par la loi. Par loi, il faut entendre la loi au sens large, décret, arrêté, ordonnance…

[135]-Articles 12 et 13 de la loi n° 1-63 du 13 janvier 1963 portant code de procédure pénale.

Article 207 : La création des milices est un crime puni par la loi.

Qu'est-ce que cela signifie ?

Est qualifiée de crime et punie par la loi la création des milices. Autrement dit, tout groupement humain armé illégalement dans un but quelconque est un crime. Tel est le cas à l'époque des milices cobras, ninjas, cocoyes, zoulous, requins, obévillois, etc. Aujourd'hui, toutes ces bandes armées sont interdites.

TITRE XIV
DES COLLECTIVITES LOCALES

Article 208 : Les collectivités locales de la République du Congo sont le département et la commune.

D'autres collectivités locales peuvent être créées par la loi.

Que retenir de ce texte ?

L'alinéa 1er de ce texte énumère les deux (02) collectivités locales de notre pays, précisément le département et la commune[136]. Qu'est-ce que les collectivités locales ? Qu'est-ce qu'un département ? Qu'est-ce qu'une commune ?

- les collectivités locales sont des circonscriptions administratives dotées de la personnalité morale et juridique et de l'autonomie financière.
- le département est l'entité administrative qui assure le relais de l'action gouvernementale sur une portion du territoire national.
- la commune est une agglomération urbaine d'habitants résultant d'une même entité administrative et géographique, ayant un minimum de développement économique, social et culturel.

Il est reconnu à la loi la possibilité de créer d'autres collectivités locales[137], c'est-à-dire d'autres départements et communes.

Article 209 : Les collectivités locales s'administrent librement par des conseils élus et dans les conditions prévues par la loi, notamment en ce qui concerne leurs compétences et leurs ressources.

En plus de leurs ressources propres, l'Etat alloue, chaque année, aux collectivités locales une contribution conséquente de développement.

---

[136]-Loi n° 7-2003 du 6 février 2003 portant organisation et fonctionnement des collectivités locales.

[137]-Loi n° 7-2003 du 6 février 2003, op.cit.

Toute imputation des dépenses de souveraineté de l'Etat sur les budgets des collectivités décentralisées est interdite.

Comment appréhender ce texte ?

L'interprétation de l'article ci-dessus rapporté, en considérant l'aspect de la décentralisation, conduit à la compréhension ci-après :

L'Etat a, en vertu du principe de décentralisation, conféré la personnalité juridique et le pouvoir de s'administrer aux autorités locales élues.

Les collectivités locales disposent de ressources propres, essentiellement fiscales, et elles ont vocation à se voir attribuer par l'Etat, chaque année, une importante somme d'argent destinée à leur développement.

Il est interdit à l'Etat d'endosser la charge des dépenses de souveraineté sur les budgets réservés aux collectivités. Autrement dit, toutes dépenses de l'Etat doivent être faites avec ses propres budgets et non avec ceux prévus pour les collectivités locales.

Article 210 : Sont de la compétence des collectivités locales :

- **la planification, le développement et l'aménagement du département ;**
- **l'urbanisme et l'habitat ;**
- **l'enseignement préscolaire, primaire et secondaire ;**
- **la santé de base, l'action sociale et la protection civile ;**
- **la prévention, la réduction des risques et la gestion des catastrophes ;**
- **l'environnement, le tourisme et les loisirs ;**
- **le sport et l'action culturelle ;**
- **l'agriculture, l'élevage, la pêche et la pisciculture ;**
- **l'administration et les finances ;**
- **le commerce et l'artisanat ;**
- **les transports ;**
- **l'entretien routier ;**
- **le budget de la collectivité locale.**

La loi détermine également le régime financier des collectivités locales ainsi que les principes fondamentaux de la fonction publique territoriale.

Que retenir de ce texte ?

Les matières citées ci-haut sont celles qui relèvent exclusivement de la compétence des collectivités locales. Autrement dit, les matières autres que celles qui ne sont pas visées par le présent texte relèvent de l'Etat.

La loi n° 9-2003 du 6 février 2003 fixe le régime financier des collectivités locales, c'est-à-dire les sommes d'argent permettant à ces collectivités de fonctionner.

Article 211 : Une loi organique fixe les conditions dans lesquelles l'Etat exerce sa tutelle sur les collectivités locales décentralisées ainsi que les autres compétences à transférer, non visées par la présente loi.

Qu'est-ce que cela signifie ?

En s'interrogeant sur la signification de cet article, considéré au strict plan de la tutelle, il ressort ce qui suit : la tutelle n'est pas désordonnée au Congo ; elle est prévue par la loi organique n° 8-2003 du 6 février 2003 relative à l'exercice de la tutelle sur les collectivités locales.

TITRE XV : DU CONSEIL SUPERIEUR DE LA LIBERTE DE COMMUNICATION

Article 212 : Il est institué un conseil supérieur de la liberté de communication.

Le conseil supérieur de la liberté de communication est chargé de veiller au bon exercice de la liberté de l'information et de la communication.

Il émet également des avis techniques et formule des recommandations sur les questions touchant au domaine de l'information et de la communication.

Comment comprendre ce texte ?

L'alinéa 1er de ce texte nous informe de l'institution ou de l'existence du conseil supérieur de la liberté de communication[138] et des missions qui lui sont assignées.

Le conseil supérieur de la liberté de communication garantit l'exercice de la liberté d'information et de communication conformément à la loi[139]. Il ne permet pas qu'on porte atteinte à cette liberté par la désinformation ou l'incitation à la haine tribale, ethnique ou à la révolte. Le conseil est l'organe de régulation qui détient un pouvoir de décision et formule des avis et des recommandations sur des questions de l'information et de la communication.

Article 213 : Une loi organique détermine les missions, l'organisation, la composition et le fonctionnement du conseil supérieur de la liberté de communication.

Que retenir de ce texte ?

Le texte juridique permettant de connaître cet organe de régulation de l'information et de la communication est la loi

---

[138]-Article 1er de la loi organique n° 4-2003 du 18 janvier 2003 déterminant les missions, l'organisation, la composition et le fonctionnement du conseil supérieur de la liberté de communication.

[139]-Loi organique n° 4-2003 du 18 janvier 2003, op.cit.

organique n° 4-2003 du 18 janvier 2003 déterminant les missions, l'organisation, la composition et le fonctionnement du conseil supérieur de la liberté de communication.

TITRE XVI : DE LA COMMISSION NATIONALE DES DROITS DE L'HOMME

Article 214 : Il est institué une commission nationale des droits de l'homme.

Qu'est-ce que cela signifie ?

Ce texte nous édifie sur l'existence de la commission nationale des droits de l'homme. La commission nationale des droits de l'homme est composée par décret du président de la République pour trois (03) ans renouvelable une fois. A ces quarante-cinq (45) membres qui ont voix délibérative[140], s'ajoutent quatorze (14) membres ayant voix consultative. L'assemblée est l'organe plénier de décision qui se réunit en session ordinaire une fois par trimestre. Elle peut être convoquée en session extraordinaire. Le bureau de la commission comprend un président, un premier vice-président, un deuxième vice-président, un trésorier et un rapporteur.

Article 215 : La commission nationale des droits de l'homme est un organe de suivi de la promotion et de la protection des droits de l'homme.

Que signifie ce texte ?

Ce texte significatif décline la mission assignée ou reconnue à la commission nationale des droits de l'homme. La commission assure la promotion des droits humains par des actions de sensibilisation, la diffusion de l'information et des connaissances relatives aux droits humains. La protection des droits humains est assurée au moyen des recommandations, des rapports, de l'accès aux lieux de détention et par la réalisation d'enquêtes.

---

[140]-Ces personnes sont choisies par les pouvoirs publics, et sont issues de la société civile, des ordres professionnels, de l'université, des syndicats, de la presse et des confessions religieuses.

Article 216 : La loi détermine les missions et fixe l'organisation et le fonctionnement de la commission nationale des droits de l'homme.

Que retenir de ce texte ?

L'examen de ce texte indique que la commission nationale des droits de l'homme est régie par la loi n° 5-2003 du 18 janvier 2003 portant attributions, organisation et fonctionnement de la commission nationale des droits de l'homme.

TITRE XVII : DES TRAITES ET DES ACCORDS INTERNATIONAUX

Article 217 : Le président de la République négocie, signe et ratifie les traités et les accords internationaux.

La ratification ne peut intervenir qu'après autorisation du parlement, notamment en ce qui concerne les traités de paix, les traités de défense, les traités de commerce, les traités relatifs aux ressources naturelles ou les accords relatifs aux organisations internationales, ceux qui engagent les finances de l'Etat, ceux qui modifient les dispositions de nature législative, ceux qui sont relatifs à l'Etat des personnes, ceux qui comportent cession, échange ou adjonction du territoire.

Comment comprendre ce texte ?

Ce texte nous parle du rôle prépondérant du président de la République dans les relations diplomatiques. Il est la clé de voûte ou la cheville ouvrière dans le domaine diplomatique. C'est lui, personne d'autre, qui négocie[141], signe[142] et ratifie[143] les traités[144] et les accords internationaux.

L'alinéa 2 de ce texte nous donne la condition pour approuver un traité international, et les matières y afférentes. En effet, un traité négocié, signé, pour entrer en vigueur, doit être ratifié par le parlement (Assemblée nationale, Sénat), c'est-à-

---

[141]-Négociation : discussion en vue d'aboutir à un accord.

[142]-Signature : formalité qui constate l'accord intervenu au terme de la négociation sur le texte d'un traité, mais qui, sauf exceptions, ne lie pas normalement l'Etat.

[143]-Ratification : approbation d'un traité par les organes internes compétentes pour engager internationalement l'Etat (le plus souvent, le chef de l'Etat avec souvent l'autorisation du parlement, voire l'organisation d'un référendum).

[144]-Traité : accord conclu entre Etats ou autres sujets de la société internationale (comme le Saint-Siège ou les organisations internationales) en vue de produire des effets de droit dans leurs relations mutuelles.

dire que celui-ci doit donner son autorisation, son accord. Cela se fait par une discussion et un vote au parlement, qui doit être sanctionné ou se matérialiser par une loi de ratification. Ce même texte nous cite les matières concernées. Celles qui ne sont pas citées ne sont pas soumises à ratification, mais à un accord en forme simplifiée.

Article 218 : La loi détermine les accords dispensés de la procédure de ratification.

Le président de la République et les présidents des deux chambres du parlement sont informés de toute négociation tendant à la conclusion d'un accord international non soumis à ratification.

Qu'est-ce que cela signifie ?

La ratification d'un traité est une procédure longue ou solennelle. En dehors des matières citées au second alinéa du texte précédent en ce qui concerne la ratification, la loi cite ou précise les accords qui ne doivent pas être soumis à ratification, c'est-à-dire à l'autorisation du parlementaire pour entrer en vigueur. Ces accords-là sont donc à forme simplifiée.

Le président de la République, le président de l'Assemblée nationale et le président du Sénat sont informés de toute négociation qui aboutit à un accord international mais non soumis à ratification, à l'autorisation préalable du parlement pour entrer en vigueur. La non-information des autorités est un vice de procédure.

Article 219 : Nulle cession, nul échange, nulle adjonction du territoire n'est valable sans le consentement du peuple congolais appelé à se prononcer par voie de référendum.

Que retenir de ce texte ?

Il n'y a pas de cession, d'échange, d'adjonction du territoire si le peuple n'a pas au préalable donné son accord à la suite d'une consultation populaire, le référendum. Le référendum est une condition sine qua non contre certains abus de certaines autorités. Sans référendum, rien ne peut s'accomplir. Il s'agit là de la protection de l'intégrité du territoire.

Article 220 : A l'exception du président de la République et du ministre des Affaires étrangères, tout représentant de l'Etat doit, pour l'adoption ou l'authentification d'un engagement international, produire des pleins pouvoirs.

Que signifie cette disposition ?

Cet article combien important soulève la question relative à la justification des pleins pouvoirs par tout représentant de l'Etat, en dehors du président de la République et du ministre des Affaires étrangères, pour conclure un accord international. Autrement dit, toute autorité représentant l'Etat sur le plan international, sauf le président de la République et le ministre des Affaires étrangères, doit être munie de pleins pouvoirs, sans lesquels elle ne peut être habilitée à représenter son gouvernement dans une négociation ou pour l'accomplissement d'une mission.

Que veulent dire les pleins pouvoirs ?

Les pleins pouvoirs sont une autorisation de traiter au nom d'une puissance ou de la personne considérée comme représentant un Etat pour l'adoption ou l'authentification du texte d'un traité ou pour exprimer le consentement de l'Etat à être lié par un traité.[145]

Article 221 : La République du Congo peut conclure des accords d'association avec d'autres Etats.

Elle accepte de créer, avec ces Etats, des organismes inter-gouvernementaux de gestion commune, de coordination, de libre coopération et d'intégration.

Qu'est-ce que cela veut dire ?

A la compréhension de cet article, il sied de dire qu'il est reconnu la possibilité à la République du Congo de conclure des accords d'association avec d'autres Etats. Posons-nous la question suivante : que signifient les accords d'association ? Pour répondre à cette interrogation, nous disons que ces accords sont ceux qui permettent l'association des Etats indépendants

---

[145]-Article 7 de la Convention de Vienne sur le droit des traités de 1969.

qui ont, par traité, délégué l'exercice de certaines compétences (diplomatie, défense…) à des organes communs, sans constituer cependant un nouvel Etat superposé aux Etats membres. Il s'agit en réalité de la confédération.

Article 222 : Si la Cour constitutionnelle a déclaré qu'un engagement international comporte une clause contraire à la Constitution, l'autorisation de le ratifier ou de l'approuver ne peut intervenir qu'après révision de la Constitution.

Qu'est-ce que cela signifie ?

Il s'agit de l'entrée en vigueur d'un traité international contraire à la Constitution ou à la loi interne. En effet, lorsque la Cour constitutionnelle déclare qu'un traité international est contraire à la Constitution, c'est-à-dire qu'une disposition de celui-ci n'est pas conforme à la Constitution, pour que le traité produise des effets juridiques, il faudrait que la Constitution soit révisée[146] pour permettre à ce que la disposition du traité qui est inconstitutionnelle soit conforme à la loi fondamentale (Constitution), et vice-versa.

Article 223 : Les traités ou les accords, régulièrement ratifiés ou approuvés, ont dès leur publication, une autorité supérieure à celle des lois, sous réserve, pour chaque accord ou traité de son application par l'autre partie.

Que dire de ce texte ?

Il y a lieu de retenir ici la suprématie du traité international sur la loi nationale. Autrement dit, un traité international, dès qu'il est approuvé par les organes étatiques compétents, est au-dessus d'une loi interne, c'est-à-dire devant une situation juridictionnelle, l'application du traité est préférable à celle d'une loi interne.

[146]-Révision : modification de la Constitution par le titulaire du pouvoir constituant dérivé.

TITRE XVIII : DU STATUT DES ANCIENS DIRIGEANTS

Article 224 : Les anciens Présidents de la République ont droit, à la fin de leur mandat, à la protection de l'Etat tant en leur personne qu'en leurs biens.

Il leur est versé mensuellement, à titre de pension, une allocation viagère dont le montant est fixé par décret en conseil des ministres.

Les autres avantages et les modalités de protection des anciens Chefs d'Etat sont déterminés par la loi.

Comment comprendre ce texte ?

Cet article parle du droit à la protection des anciens présidents de la République. Ceux-ci ne peuvent vivre sans aucune protection tant de leur personne que de leurs biens.

Les anciens Présidents de la République ont droit à une pension durant leur vie. Le montant est fixé par voie réglementaire, c'est-à-dire par les autorités exécutives compétentes.

La loi détermine les autres avantages et les modalités de la protection des anciens Présidents de la République.

Article 225 : Les anciens présidents des Assemblées parlementaires et les anciens Premiers ministres, à l'exception de ceux qui ont été condamnés pour forfaiture, bénéficient de la reconnaissance de la Nation.

La loi détermine la nature et les formes de cette reconnaissance.

Comment interpréter ce texte ?

Les anciens présidents de l'Assemblée nationale et du Sénat et les anciens Premiers ministres bénéficient de la reconnaissance de la nation. Qu'entendons-nous par reconnaissance de la nation ? La reconnaissance de la nation s'entend comme une récompense que l'Etat accorde à ses anciens dirigeants, après l'avoir servi. Cette reconnaissance de l'Etat peut être leur protection, leur pension ou rémunération…

Il revient à la loi la charge de préciser la nature et les formes de cette reconnaissance.

Article 226 : La loi détermine les autres anciens dirigeants pouvant bénéficier de la reconnaissance de la Nation ainsi que les avantages qui leur sont accordés.

Que retenir de ce texte ?

En dehors des dirigeants cités aux articles ci-dessus, il appartient à la loi de citer les autres autorités qui peuvent bénéficier de la reconnaissance de l'Etat et leurs avantages.

TITRE XIX : DES CONSEILS CONSULTATIFS NATIONAUX

SOUS-TITRE I : DU CONSEIL NATIONAL DU DIALOGUE

Article 227 : Il est institué un conseil national du dialogue placé sous l'autorité du président de la République.

Qu'est-ce que cela signifie ?

Ce texte nous informe de l'existence ou de l'institution d'un conseil national du dialogue présidé par le président de la République.

Article 228 : Le conseil national du dialogue est un organe de concertation, d'apaisement et de recherche du consensus entre les forces vives de la Nation, sur les grands problèmes politiques d'intérêt national.

Que retenir de ce texte ?

Cette disposition définit et précise les missions assignées au conseil national du dialogue. Lorsqu'un problème naît au pays, il revient au conseil national du dialogue de trouver une solution apaisée par les moyens pacifiques de règlement du litige, et non par les armes ou par la violence. L'existence de ce conseil empêche donc aux Congolais le recours à la communauté internationale pour le règlement pacifique d'un conflit.

Article 229 : Une loi organique détermine l'organisation, la composition et le fonctionnement du conseil national du dialogue.

Que signifie ce texte ?

Cette disposition nous renvoie à la loi organique relative à l'organisation, composition et fonctionnement du conseil national du dialogue.

SOUS-TITRE II : DU CONSEIL CONSULTATIF DES SAGES ET DES NOTABILITES TRADITIONNELLES

Article 230 : Il est institué un conseil consultatif des sages et des notabilités traditionnelles chargé d'émettre des avis sur la gouvernance démocratique, culturelle et sociale de l'Etat et de faire au Gouvernement des suggestions pouvant contribuer à une gestion politique solidaire.

Qu'est-ce que cela signifie ?

A la lecture de cet article, il ressort l'institutionnalisation ou l'existence d'un conseil consultatif des sages et des notabilités traditionnelles et les missions qui lui sont assignées. Ce texte ne nous dit pas si ces avis ont un caractère obligatoire ou facultatif. A la lumière de ce texte, les avis émis par ce conseil sont facultatifs et non obligatoires, c'est-à-dire qu'ils peuvent être suivis ou non par les consultés.

Article 231 : Une loi organique détermine l'organisation, la composition et le fonctionnement du conseil consultatif des sages et des notabilités traditionnelles.

Comment comprendre ce texte ?

La tâche est dévolue à une loi organique de déterminer l'organisation, la composition et le fonctionnement de ce conseil.

SOUS-TITRE III :
DU CONSEIL CONSULTATIF DE LA FEMME

Article 232 : Il est institué un conseil consultatif de la femme chargé d'émettre des avis sur la condition de la femme et de faire au Gouvernement des suggestions visant à promouvoir l'intégration de la femme au développement.

Qu'est-ce que cela veut dire ?

L'examen de cet article montre l'existence ou l'institutionnalisation d'un conseil consultatif de la femme et les missions qui lui sont assignées.

Article 233 : Une loi organique détermine l'organisation, la composition et le fonctionnement du conseil consultatif de la femme.

Que retenir de ce texte ?

Une loi organique rendra clairs l'organisation, la composition et le fonctionnement de ce conseil.

SOUS-TITRE IV : DU CONSEIL CONSULTATIF DES PERSONNES VIVANT AVEC HANDICAP

Article 234 : Il est institué un conseil consultatif des personnes vivant avec handicap chargé d'émettre des avis sur la condition de la personne vivant avec handicap et de faire au Gouvernement des suggestions visant une meilleure prise en charge de la personne vivant avec handicap.

Quelle interprétation donnons-nous à ce texte ?

Il s'agit de l'institutionnalisation d'un conseil consultatif des personnes vivant avec handicap et des missions qui lui sont assignées, notamment des avis et des propositions que ce conseil fait au gouvernement pour le bien-être de ces personnes.

Article 235 : Une loi organique détermine l'organisation, la composition et le fonctionnement du conseil consultatif des personnes vivant avec handicap.

Qu'est-ce que cela veut dire ?

Cette disposition nous renvoie à la loi organique qui détermine l'organisation, la composition et le fonctionnement de ce conseil.

SOUS-TITRE V :
DU CONSEIL CONSULTATIF DE LA JEUNESSE

Article 236 : Il est institué un conseil consultatif de la jeunesse chargé d'émettre des avis sur les questions liées au plein épanouissement de la jeunesse dans le cadre d'une gouvernance intergénérationnelle.

Que retenir de ce texte ?

Il ressort de cet article, comme les autres conseils consultatifs, l'institutionnalisation du conseil de la jeunesse et les missions qui lui sont dévolues. Autrement dit, le conseil consultatif de la jeunesse est bel et bien prévu par la présente Constitution.

Article 237 : Une loi organique détermine l'organisation, la composition et le fonctionnement du conseil consultatif de la jeunesse.

Que dire de ce texte ?

Ce texte fait référence à une loi organique qui détermine l'organisation, la composition et le fonctionnement du conseil consultatif de la jeunesse.

SOUS-TITRE VI :
DU CONSEIL CONSULTATIF DE LA SOCIETE CIVILE ET DES ORGANISATIONS NON GOUVERNEMENTALES

Article 238 : Il est institué un conseil consultatif de la société civile et des organisations non gouvernementales chargé d'émettre des avis sur les questions liées à la participation des citoyens à la vie de la Nation en vue de la promotion des droits et libertés des citoyens et des valeurs républicaines.

Comment comprendre ce texte ?

Il s'agit de l'institutionnalisation, c'est-à-dire de la mise en place d'un conseil consultatif de la société civile et des organisations non gouvernementales et des missions à lui assignées, notamment des avis sur la participation des citoyens à la promotion des droits, des libertés et des valeurs républicaines.

Article 239 : Une loi organique détermine l'organisation, la composition et le fonctionnement du Conseil consultatif de la société civile et des organisations non gouvernementales.

Qu'est-ce que cela signifie ?

Une loi organique étant une loi qui complète une disposition constitutionnelle, celle-ci détermine l'organisation, la composition et le fonctionnement du conseil consultatif de la société civile et des organisations non gouvernementales.

TITRE XX :
DE LA REVISION

Article 240 : L'initiative de la révision de la Constitution appartient concurremment au président de la République et aux membres du parlement.

Aucune procédure de révision ne peut être engagée ou poursuivie en période d'intérim ou lorsqu'il est porté atteinte à l'intégrité du territoire national.

La forme républicaine et le caractère laïc de l'Etat ne peuvent faire l'objet de révision.

Que dire de ce texte ?

Cet article soulève la question relative à l'initiative de la révision de la Constitution qui est le fait du président de la République et des membres du parlement, c'est-à-dire du chef de l'exécutif et du législatif. Elle ne peut être le fait du Président de la République seul ou des membres du parlement seuls. L'initiative de la révision de la Constitution appartient ensemble et de concert aux deux (02) institutions ; elle ne peut être l'apanage du président de la République sans les parlementaires, et vice-versa.

L'initiative de la révision de la Constitution entre l'exécutif et le législatif est propre dans les régimes démocratiques, et non dans les régimes autoritaires où celle-ci n'appartient qu'au chef de l'exécutif seul.

Il est interdit de réviser la Constitution en période d'intérim ou en cas d'atteinte à l'intégrité territoriale, cela afin d'éviter que la volonté populaire ne s'exprime librement en raison de l'occupation. Il est aussi interdit de réviser la forme républicaine et le caractère laïc de l'Etat. En d'autres termes, la République du Congo ne peut devenir un royaume ou un Etat islamique ou chrétien.

Article 241 : Lorsqu'il émane du président de la République, le projet de révision est soumis directement au référendum, après avis de la Cour suprême.

Il peut aussi être soumis, après avis de la Cour suprême, au parlement réuni en congrès, qui se prononce par un vote à la majorité des trois quarts (3/4) de ses membres.

Lorsque la proposition de révision émane d'un membre du parlement, elle est votée par les trois quarts (3/4) des membres des deux chambres du parlement réuni en congrès.

Le président de la République est préalablement informé de toute proposition de révision de la Constitution. Il fait parvenir son avis au parlement réuni en congrès.

Que retenir de cet article ?

Il résulte de cet article la compréhension combinée ou conjuguée des alinéas 1er et 2 décrivant les conditions permettant au président de la République de réviser la loi fondamentale ou la Constitution : le président de la République consulte soit le peuple par voie référendaire, soit il consulte le parlement réuni en congrès, après avis de la Cour suprême, qui se prononce à la majorité des trois quarts (3/4) de ses membres.

Ces deux premiers alinéas dégagent quatre (04) conditions essentielles pour la révision de la Constitution, qui sont :

- Le référendum ;
- Le parlement réuni en congrès ;
- L'avis de la Cour suprême ;
- Le vote à la majorité des trois quarts (3/4) des parlementaires.

Lorsque le président de la République choisit le référendum, l'avis de la Cour suprême est requis, pour ne pas vicier la procédure. Lorsqu'il choisit la voie parlementaire, il sollicite en même temps l'avis de la Cour suprême et la majorité des trois quarts (3/4) de ses membres. La deuxième voie est salutaire lorsque le chef de l'Etat a la majorité au parlement. C'est aussi une procédure fatale, car elle peut cacher d'énormes surprises, tout comme le référendum aussi. Toutes les deux (02) procédures sont démocratiques.

Les deux (02) derniers alinéas de cette disposition soulèvent respectivement les questions du vote des trois quarts (3/4) des membres des deux (02) chambres du parlement et de l'information du chef de l'Etat de toute proposition de révision de la Constitution. Son avis est lu devant le parlement réuni en congrès.

Article 242 : Une loi organique fixe la procédure de révision de la Constitution.

Comment comprendre ce texte ?

Cet article nous renvoie à la loi organique relative à la révision de la Constitution.

TITRE XXI : DISPOSITIONS TRANSITOIRES ET FINALES

Article 243 : Les traités et accords internationaux, les lois, les ordonnances et les règlements actuellement en vigueur, lorsqu'ils ne sont pas contraires à la présente loi, dcmeurent applicables tant qu'ils ne sont pas expressément modifiés ou abrogés.

Que dire de ce texte ?

Cette disposition traite de la question relative à l'application des textes présentement en vigueur. En effet, les textes juridiques antérieurement édictés, lorsqu'ils ne s'opposent pas à l'actuelle Constitution, c'est-à-dire celle du 25 octobre 2015, restent applicables.

Article 244 : Les institutions issues de la Constitution du 20 janvier 2002 fonctionnent jusqu'à la mise en place des nouvelles institutions sans pouvoir dépasser, pour les institutions pourvues par voie élective, l'expiration de leur mandat.

Comment interpréter ce texte ?

Ce texte nous édifie sur le fonctionnement normal des institutions établies par l'ancienne Constitution. Les institutions actuellement en place fonctionneront jusqu'à la fin de leur mandat.

Article 245 : Tout citoyen congolais, sans exclusive, qui remplit les conditions d'éligibilité, peut faire acte de candidature aux fonctions publiques électives prévues par la présente Constitution.

Que retenir de cette disposition ?

Il est donné possibilité à tout citoyen congolais d'être candidat à toute élection[147], pourvu qu'il remplisse les conditions lui permettant d'être éligible.

Article 246 : La présente loi, qui entre en vigueur dès sa promulgation, sera exécutée comme Constitution de la République du Congo.

Que signifie ce texte ?

Ce texte nous parle du projet de Constitution qui n'est pas encore voté. Une fois fait et promulgué par le président de la République, il sera appliqué comme Constitution de la République du Congo.

---

[147]-Election présidentielle, élections législatives, élections sénatoriales, élections municipales…

CONCLUSION

Il n'est pas toujours facile, pour le citoyen, de s'orienter dans le labyrinthe de la Constitution. Pourtant, « nul n'est censé ignorer la loi ». L'interprétation de la Constitution s'adresse à tous ceux que l'abondance et la complexité de la loi fondamentale laissent perplexes.

Cet ouvrage traite, dans un langage clair et précis, accessible à tous, des problèmes liés à la compréhension de la Constitution du 25 octobre 2015. Il permet également d'éviter tant d'interprétations fantaisistes ou anarchiques, dans le but de satisfaire tel ou tel clan ou groupe quelconque.

La présente Constitution est la plus longue que la République du Congo n'ait jamais connue depuis son indépendance en 1960 jusqu'à nos jours. Elle aurait pris en compte, pour le moment, presque tous les aspects sociaux, politiques et économiques du Congo.

Les lois organiques devraient être adoptées rapidement pour permettre, effectivement le fonctionnement régulier des nouvelles institutions constitutionnelles.

Cette loi fondamentale mérite une longévité sans pareille, dans la mesure où elle assure la stabilité politique, le dialogue, le vivre ensemble et le développement du Congo. Cependant, des amendements de certaines dispositions ne seraient pas à exclure.

L'interprétation de la Constitution n'est plus seulement l'apanage des politiques ou des autorités compétentes, mais aussi des citoyens à travers cet ouvrage qui est un véritable instrument de travail de tous, afin de faciliter la lecture et la compréhension de la loi fondamentale. Il peut être utilisé à excès, sans modération.

L'une des préoccupations majeures du peuple congolais ayant motivé le changement de la Constitution du 20 janvier 2002 est sa ferme volonté de "concilier les valeurs universelles de la démocratie avec les réalités politiques, sociales et culturelles nationales". Cette volonté n'est pas nouvelle. Le peuple congolais l'avait déjà exprimée dans la Constitution du 20 janvier 2002 où il avait révélé son souci « d'œuvrer à l'enrichissement du patrimoine universel commun à toutes les sociétés démocratiques de par le monde et en nous fondant sur les valeurs culturelles propres à notre pays »[148]. Le président de la République avait pourtant donné cette orientation à la commission de rédaction constitutionnelle de 2002 en ces termes : « Une Constitution qui soit l'âme du peuple, qui reflète nos valeurs, nos mœurs, les normes de nos institutions traditionnelles en tenant compte du fait qu'aucun peuple ne peut se maintenir, se développer, durer et réaliser des progrès, si, à côté de l'indispensable apport extérieur, il n'assume pas son propre génie créateur, appuyé sur sa propre culture ».[149]

Le Congo s'inscrit dans le concert des nations civilisées, tant au niveau planétaire qu'à celui du continent, et le peuple congolais entend prendre toute sa part dans l'évolution du monde et dans celle de l'Afrique. La référence sans cesse répétée à la charte de l'unité nationale et à la volonté de maintenir dans le pluralisme et la démocratie les institutions congolaises.[150]

L'avenir de l'Etat de droit en dépend, dans le contexte où la prééminence de l'évolution des institutions est mise en place.

Le parlement est convié à voter des lois organiques afin de pouvoir permettre le fonctionnement normal des institutions issues de la présente Constitution.

---

[148]-Anatole Collinet Makosso, *Le régime consensualisme dans la constitution congolaise du 25 octobre 2015 commentée article par article,* éd. l'Harmattan, 2016, p. 112-113.

[149]-Evocation d'Aimé-Emmanuel Yoka, ancien ministre d'Etat, garde des sceaux, ministre de la Justice et des Droits humains, le 28 novembre 2015, lors de la célébration du 57e anniversaire de la naissance de la république.

[150]-Idem, p. 144.

TABLE DES MATIÈRES

QUESTIONS JURIDIQUES
AUX ÉDITIONS L'HARMATTAN

Dernières parutions

EXISTE-T-IL ENCORE UN SEUL « NON BIS IN IDEM » AUJOURD'HUI ?
Sous la direction de Delphine Brach-Thiel
«Nul ne doit pouvoir être jugé et condamné deux fois à raison des mêmes faits.» Si le principe est simple, c'est précisément son interprétation par de très nombreuses juridictions - pas toujours à l'unisson - qui pose question et explique le retour de ces interrogations sur le devant de la scène aujourd'hui. L'analyse ici présentée se veut riche et féconde de la rencontre entre universitaires belges et français, entre praticiens et chercheurs, entre européanistes, internationalistes ou pénalistes.
(Coll. Comité international des pénalistes francophones, 23.50 euros, 230 p.)
ISBN : 978-2-343-11828-4, ISBN EBOOK : 978-2-14-004143-3

ESSAI SUR LA NOTION D'EXÉCUTION CONTRACTUELLE
Alvarez Isabelle
L'exécution contractuelle constitue la cause impulsive de l'établissement du contrat qui, paradoxalement, est un mécanisme trop familier pour être bien connu. Adopter une méthode d'analyse alternative permet d'esquisser une définition de cette notion juridique. Est ici proposée une approche dynamique des échanges contractualisés, orientés vers la réalisation satisfactoire de l'opération économique, démontrant que cette phase exécutoire recèle un panel étendu de perspectives. (Étude à jour de l'ordonnance n° 2016-131 du 10 février 2016 portant réforme du droit des contrats, du régime général et de la preuve des obligations).
(Coll. Logiques Juridiques, 45.00 euros, 486 p.)
ISBN : 978-2-343-12604-3, ISBN EBOOK : 978-2-14-004271-3

LES ACCORDS COLLECTIFS DE GROUPE
Théodoropoulos Alexandra - Préface de Gérard Vachet
De simple expérimentation issue de la pratique, la négociation collective de groupe est devenue un véritable niveau de négociation collective reconnue par le législateur. L'accord de groupe est désormais consacré comme une norme créatrice de droits et d'obligations entre employeurs et salariés du groupe, mais sa place dans la hiérarchie des normes n'a pas été précisée. Cette situation génère de nombreuses interrogations quant à sa portée et à ses limites.
(Coll. Logiques Juridiques, 44.00 euros, 440 p.)
ISBN : 978-2-343-12269-4, ISBN EBOOK : 978-2-14-004330-7

LA SIMPLIFICATION DU DROIT DES SOCIÉTÉS À L'AUNE DU CAS HONGKONGAIS
L'exemple des SARL et SAS
Tortellier Nathalie - Préface de Mme le professeur Catherine Barreau
Cette étude comparative puise dans les règles et mécanismes de la société fermée à risque limité hongkongaise des techniques pouvant fortement contribuer à l'assouplissement et à la simplification du droit des sociétés. L'analyse décortique la vie des SARL et SAS et propose l'application de la méthodologie pragmatique du droit hongkongais par thèmes dans un souci d'adaptabilité du droit français. Il ressort de cette analyse comparative 80 recommandations inspirées de la société hongkongaise pour développer une société outil au service de l'entreprise, une société adaptée et adaptable aux acteurs économiques contemporains.
(Coll. Logiques Juridiques, 49.00 euros, 638 p.)
ISBN : 978-2-343-11885-7, ISBN EBOOK : 978-2-14-004220-1

LE DROIT DE L'INFORMATIQUE
4e édition (2017)
Bismuth Yves
À travers l'étude des grands thèmes du droit de l'informatique (protection des logiciels et des données, contrats informatiques, protection des libertés, gestion du risque informatique), cet ouvrage permet au lecteur d'établir lui-même un diagnostic juridique des problèmes rencontrés à l'occasion de la mise en place d'un système informatique. Il est complété par des extraits de code, une bibliographie, un index et un lexique, et est à jour des dernières lois et décrets intervenus en la matière.
(38.00 euros, 436 p.)
ISBN : 978-2-343-11527-6, ISBN EBOOK : 978-2-14-004177-8

MÉTHODE ET ASPECTS FORMELS DE LA RECHERCHE
Petit manuel à l'usage des juristes (2e édition)
Marain Gaëtan
L'ouvrage propose un apprentissage de la recherche et de son formalisme qui doit permettre aux étudiants confrontés à la rédaction d'une thèse ou d'un mémoire en droit d'aborder ce travail avec sérénité. L'auteur donne ainsi une méthode pour définir le sujet, échafauder un plan et trouver la documentation utile. Est également abordée, entre autres, la question du référencement des sources et de la citation d'auteur. Des recommandations propres à l'organisation de la soutenance et à son bon déroulement sont prodiguées. Voici un guide à même d'éclairer les premiers pas du jeune chercheur en droit.
(15.50 euros, 138 p.)
ISBN : 978-2-343-12682-1, ISBN EBOOK : 978-2-14-004300-0

LA PROCÉDURE DE LIBÉRATION CONDITIONNELLE COMME OUTIL DE GESTION DU RISQUE
Ben Gadi Amélie - Préface de Joana Falxa
La procédure d'octroi de la libération conditionnelle des longues peines témoigne d'une sévérité accrue à leur égard. En imposant une évaluation de dangerosité, le législateur a souhaité «verrouiller» la procédure. Cependant, la notion de

dangerosité est très complexe à définir et ne fait l'objet d'aucune définition légale. Elle introduit la notion de gestion du risque, ouvrant le chemin vers une justice de précaution. La présente étude éclaire la problématique de la réinsertion des longues peines.

(Coll. Bibliothèques de droit, 15.00 euros, 132 p.)

ISBN : 978-2-343-11550-4, ISBN EBOOK : 978-2-14-004296-6

LETTRE À TOUS CEUX QUI PERSISTENT À VOULOIR FAIRE LEUR DROIT

Charles Thierry

Le droit court derrière la «révolution numérique». Les algorithmes nous espionnent et restreignent les libertés publiques, ils calculent les indemnités au service des compagnies d'assurances. La diminution lente et continue des services chargés de veiller à l'application du droit affaiblit et parfois anéantit l'efficacité de ces lois. L'échec de la loi Hadopi est significatif à cet égard. Le mal est en fait bien plus profond et ne date pas d'hier. Nous vivons une époque de démolition des codes établis. Si le droit est partout, en définitive il n'est nulle part...

(20.50 euros, 204 p.)

ISBN : 978-2-343-12343-1, ISBN EBOOK : 978-2-14-004306-2

FÊTE ET DROIT PUBLIC

Sous la direction d'Adrien Azarete, Elie Guerrero et Thomas Moretto

S'inscrivant dans une approche globale et élargi à tout le droit public, le présent ouvrage, issu du colloque « Fête du Droit Public », a pour objet l'étude de l'application du droit public dans la fête par les différents acteurs de cette branche du droit. De l'autorisation de la fête à sa responsabilité, en passant par son organisation, son coût et sa sécurité, le droit public est présent partout, de par l'évidente présence et implication de la puissance publique et des collectivités territoriales.

(Coll. Bibliothèques de droit, 20.00 euros, 192 p.)

ISBN : 978-2-343-11018-9, ISBN EBOOK : 978-2-14-003946-1

LA DÉMOCRATIE EN DROIT INTERNATIONAL

Étude critique sur le statut juridique de la démocratie en droit international et la légitimité de l'imposer par la force

Alshiabani Abuhamoud

En droit international, la démocratie était jusqu'à très récemment absente. Malgré les appels lancés au début du 20e siècle, celui-ci a toujours considéré la démocratie comme une idéologie dans laquelle il ne doit pas s'impliquer. Après la fin de la Guerre froide et la victoire de la démocratie libérale, la démocratie s'est renforcée au plan international. Elle a exercé une pression considérable sur le droit international pour qu'il s'adapte aux nouvelles exigences des réalités politiques. Cet ouvrage traite de ce sujet et montre le contexte dans lequel se sont développés la démocratie et le concept d'ingérence démocratique.

(Coll. Logiques Juridiques, 39.00 euros, 408 p.)

ISBN : 978-2-343-10818-6, ISBN EBOOK : 978-2-14-003833-4

LES PRINCIPES GÉNÉRAUX DANS LA JURISPRUDENCE DE L'ORGANE DE RÈGLEMENT DES DIFFÉRENDS DE L'OMC

Aydi Ghozzi Mariem - Préface de Slim Laghmani

Représentant la justice marchande, le Système de règlement des différends de l'organisation Mondiale du Commerce (OMC) est censé rendre une meilleure justice. Bien qu'il ne constitue pas une véritable juridiction, il chemine sur les traces du juge international dans la détermination et la régulation du sens du droit de cette organisation, les principes généraux devraient en constituer des instruments de moralisation et de développement. Cependant, la méthode par laquelle l'organe de règlement des différends appréhende lesdits principes mérite une attention particulière.

(Coll. Droit aujourd'hui, 37.50 euros, 368 p.)

ISBN : 978-2-343-12079-9, ISBN EBOOK : 978-2-14-004047-4

LA RESPONSABILITÉ DES ENTREPRISES MULTINATIONALES POUR LES VIOLATIONS DES DROITS DE L'HOMME EN AFRIQUE

Opportunités et défis

Belporo Christelle

La question de la responsabilité des entreprises multinationales pour les violations des droits de l'homme est d'une actualité brûlante. Alors qu'à travers le monde les scandales se multiplient, sur le continent africain, des voix s'élèvent pour dénoncer les nombreuses violations des droits internationalement protégés. Cet ouvrage évalue les réponses offertes par le droit pour l'encadrement de la responsabilité juridique des entreprises multinationales à l'aune des instruments internationaux et africains.

(Coll. Études africaines, 20.50 euros, 200 p.)

ISBN : 978-2-343-11365-4, ISBN EBOOK : 978-2-14-004005-4

CONCEPTS ET PRATIQUES PROFESSIONNELLES EN DOUANES

Origines, procédures, régimes et valeur

Bouga Boukari Dan

Ce livre explique d'abord les concepts, c'est-à-dire le vocabulaire douanier de façon à ne saisir que l'essentiel. Il expose ensuite les exigences des pratiques douanières pour tous les scénarios du commerce international. II procède enfin à des illustrations pour une meilleure compréhension des droits et obligations des opérateurs en douane.

(Harmattan Côte-d'Ivoire, 20.00 euros, 184 p.)

ISBN : 978-2-343-11805-5, ISBN EBOOK : 978-2-14-004075-7

L'HARMATTAN ITALIA
Via Degli Artisti 15; 10124 Torino
harmattan.italia@gmail.com

L'HARMATTAN HONGRIE
Könyvesbolt ; Kossuth L. u. 14-16
1053 Budapest

L'HARMATTAN KINSHASA
185, avenue Nyangwe
Commune de Lingwala
Kinshasa, R.D. Congo
(00243) 998697603 ou (00243) 999229662

L'HARMATTAN CONGO
67, av. E. P. Lumumba
Bât. – Congo Pharmacie (Bib. Nat.)
BP2874 Brazzaville
harmattan.congo@yahoo.fr

L'HARMATTAN GUINÉE
Almamya Rue KA 028, en face
du restaurant Le Cèdre
OKB agency BP 3470 Conakry
(00224) 657 20 85 08 / 664 28 91 96
harmattanguinee@yahoo.fr

L'HARMATTAN MALI
Rue 73, Porte 536, Niamakoro,
Cité Unicef, Bamako
Tél. 00 (223) 20205724 / +(223) 76378082
poudiougopaul@yahoo.fr
pp.harmattan@gmail.com

L'HARMATTAN CAMEROUN
TSINGA/FECAFOOT
BP 11486 Yaoundé
699198028/675441949
harmattancam@yahoo.com

L'HARMATTAN CÔTE D'IVOIRE
Résidence Karl / cité des arts
Abidjan-Cocody 03 BP 1588 Abidjan 03
(00225) 05 77 87 31
etien_nda@yahoo.fr

L'HARMATTAN BURKINA
Penou Achille Some
Ouagadougou
(+226) 70 26 88 27

L'HARMATTAN SÉNÉGAL
10 VDN en face Mermoz, après le pont de Fann
BP 45034 Dakar Fann
33 825 98 58 / 33 860 9858
senharmattan@gmail.com / senlibraire@gmail.com
www.harmattansenegal.com

www.ingramcontent.com/pod-product-compliance
Lightning Source LLC
LaVergne TN
LVHW010939061026
849535LV00007B/2483
* 9 7 8 2 3 4 3 1 3 1 4 1 2 *